LÉON DEGRELLE

LES ÂMES QUI BRÛLENT
Notes sur la paix, la guerre et l'exil

LÉON DEGRELLE
(1906-1994)

Léon Joseph Marie Ignace Degrelle était un écrivain, journaliste et directeur de presse au sein de la mouvance catholique belge. Il entama ensuite une carrière politique, en fondant le mouvement Rex, au départ parti nationaliste proche des milieux catholiques, qui devint rapidement un parti fasciste, puis durant la Seconde Guerre mondiale, se rapprocha du national-socialisme, pour finir dans la collaboration avec l'occupant allemand. Combattant sur le front de l'Est avec la 28e division SS Wallonie, il termina la guerre en tant que SS-Obersturmbannführer et Volksführer der Wallonen. Exilé en Espagne en 1945, il y vécut près de cinquante années.

Les âmes qui brûlent
notes sur la paix, la guerre et l'exil

Première édition À la feuille de Chêne, 1964

Publié par Omnia Veritas Ltd

www.omnia-veritas.com

PRÉFACE 13

PREMIÈRE PARTIE 17

    LES CŒURS VIDES 17

I 19

    LE FEU ET LES CENDRES 19

II 26

    L'AGONIE DU SIÈCLE 26

III 30

    VIE DROITE 30

DEUXIÈME PARTIE 35

    SOURCES DE VIE 35

IV 37

    LA TERRE ORIGINELLE 37

V 39

    LE CŒUR ET LES PIERRES 39

VI 45

    LA CHAIR QUI COMMENCE 45

VII 49

    LA VOCATION DU BONHEUR 49

VIII 52

    LE TEMPS DES NOËLS 52

TROISIÈME PARTIE 57

    LA DÉTRESSE DES HOMMES 57

IX 59

LES AVEUGLES	59
X	61
LES LIGNES DE DOULEUR	61
XI	64
LES SAINTS	64
XII	66
L'ÉTERNELLE CRUCIFIXION	66
XIII	69
PERSONNE	69
XIV	72
AVOIR MAL AIMÉ	72
QUATRIÈME PARTIE	75
LA JOIE DES HOMMES	75
XV	77
FORTS ET DURS	77
XVI	80
LE PRIX DE LA VIE	80
XVII	82
DÉPOUILLEMENT	82
XVIII	84
PUISSANCE DE LA JOIE	84
XIX	86
RÊVER, PENSER	86
XX	88

LA PATIENCE 88

XXI **89**

L'OBÉISSANCE 89

XXII **91**

LA BONTÉ 91

XXIII **92**

BEATA SOLITUDO 92

XXIV **96**

GRANDEUR 96

CINQUIÈME PARTIE **99**

LE SERVICE DES HOMMES (NOTES DU FRONT RUSSE) 99

XXV **101**

LA GRANDE RETRAITE 101

XXVI **108**

DOMPTER LES CAVALES 108

XXVII **113**

LE CYCLE APOCALYPTIQUE 113

XXVIII **116**

LUMIÈRES 116

XXIX **121**

INTRANSIGEANCE 121

XXX **125**

LA CROIX 125

SIXIÈME PARTIE **133**

DON TOTAL	133
XXXI	**135**
LA RECONQUÊTE	135
XXXII	**137**
FLOTTILLE D'ÂMES	137
XXXIII	**142**
SOMMETS	142
PROLOGUE ESPAGNOL DU DOCTEUR MARAÑON	149
ÉLOGE DE LÉON DEGRELLE - NOTE DU COPISTE	152
DÉJÀ PARUS	**157**

PRÉFACE

Cet ouvrage, *Les âmes qui brûlent*, comprend une série de notes spirituelles que l'auteur écrivit au hasard de l'aventure de sa vie, avant et pendant la Deuxième Guerre Mondiale.

Chaque époque a son style, dépouillé ou ampoulé, classique ou romantique. À travers le style et au-delà de l'écrivain se retrouvent certaines formes, certaines façons de penser propres à un temps.

Une partie de ces notes sont des réflexions de soldat, écrites alors que l'auteur — à tort ou à raison — combattait en Volontaire d'Europe au Front de l'Est, de 1941 à 1945, contre les armées des Soviets.

Là aussi il n'y a pas à revenir sur la manière d'exprimer des sentiments qui étaient tels qu'on le dit et qui alors s'exprimaient ainsi.

*

* *

Ce manuscrit était voué fort probablement à ne jamais paraître.

Il fut découvert par le plus grand écrivain espagnol de notre époque, mort depuis peu, le Docteur Gregorio Marañon, membre des cinq Académies de son pays.

Le Docteur Marañon n'avait politiquement rien de commun avec les mouvements autoritaires du Vingtième Siècle. Il appartenait à un libéralisme courtois, très étranger aux temps violents où comme un météore se consuma l'auteur de ces pages. Gregorio Marañon en lut par hasard le manuscrit, consacra les loisirs des deux dernières années de sa vie à le traduire en espagnol, dans une langue d'une pureté admirable. Il les présenta au grand public de son pays dans une introduction dont il lira la traduction en annexe. « Ces pages, écrivait Gregorio Marañon, sont d'une beauté impossible à surpasser, vibrantes de pathétisme humain ».

L'ouvrage connut en Espagne, sous le titre *Almas Ardiendo*, plus de cinquante éditions. Il se réédite toujours.

*

* *

Mais l'auteur n'avait point fait imprimer cette œuvre dans son texte original. Le lecteur de langue française d'après 1945 lui paraissait plus blasé que le public espagnol et presque imperméable à des méditations de cet ordre. L'ondulation d'une quelconque vampiresse de cinéma intéresse beaucoup plus le public moderne que le frémissement angoissé d'une âme. D'ailleurs, l'âme, qu'est-ce encore ?

Les problèmes moraux, spirituels, importunent aujourd'hui l'homme et la femme dits à la page. Ils préfèrent les liquider d'un petit ton supérieur, ou condescendant, ou persifleur. Dans le meilleur des cas ils ne sont plus ressentis de la même manière. Ni les problèmes religieux non plus.

*

* *

Néanmoins, les idées exprimées dans ces notes, les sentiments qui y vibrent ont entraîné l'adhésion de foules considérables. Ils peuvent donc encore présenter un certain intérêt, ne fût-ce que comme témoignage.

Dans une confession préliminaire l'auteur fait le point, a dit ses doutes, son désarroi, s'est livré, sans trop d'illusions, avec des flammèches d'espérance tout de même.

Car, par-dessus les générations et les différences de vie et de style tout court, il y a, toujours, d'homme à homme, des correspondances spirituelles. Un garçon de vingt ans, des années après l'auteur de ce livre, peut connaître les mêmes vibrations. Celles-ci vivront jusqu'à la fin du monde.

Qu'importe alors, au fond, la façon de les exprimer ou l'identité de celui qui les exprime ?...

Naïf à travers tout, ou reste pur à force de lutter, ou détruit et transpercé par ses fautes et par ses souillures, le cœur de l'être humain est immuable quoi qu'on en dise et quoi qu'on y fasse.

Ces notes s'adressaient à lui jadis.

En somme, elles s'adressent encore à lui aujourd'hui, mais sans que celui qui jette ces feuillets aux vents tourmentés de son époque sache bien si elles aboutiront à émouvoir ou simplement à faire ricaner ceux-là dont la mort intérieure a pris des couleurs d'ironie.

PREMIÈRE PARTIE

LES CŒURS VIDES

I

LE FEU ET LES CENDRES

Me voici arrivé presque au bout de ma course humaine. J'ai à peu près tout senti. Tout connu. Et surtout tout souffert.

J'ai vu, ébloui, s'élever les grands feux d'or de ma jeunesse. Leur incendie illuminait mon pays. Les foules faisaient danser autour de moi les vagues étoilées de leurs milliers de visages. Leur ferveur, leurs remous ont existé.

Mais en fait vraiment ont-ils existé ? Tout cela ne fut-il pas un songe ? N'ai-je pas rêvé qu'à moins de trente ans un pays se disait mon nom et qu'à certains jours les plus lointains journaux de la planète le répétèrent ?

Replié dans mes tristesses d'exilé, j'arrive à ne plus croire à mon passé lui-même. Ai-je ou non vécu ces temps ? Connu ces passions ? Soulevé ces océans ? J'arpente mes terrasses. Je me penche sur mes roses. J'en détaille les parfums. Ai-je jamais été un autre être que ce rêveur solitaire qui happe en vain des souvenirs, effilochés comme des brouillards de montagne ?

*
* *

Tout cela ne fut-il pas autre chose qu'une hallucination ?

Je ne vois plus au loin, tout au loin, dans des lumières délavées, que des corps à la Greco, de plus en plus amincis.

Ces gens qui s'effacent à jamais de l'horizon m'ont-ils connu ? M'ont-ils suivi ? Les ai-je entraînés ? Ai-je existé ?

Dans mes souvenirs comme dans mes mains, je ne sens plus glisser que du vent fugace.

Mes yeux — et quels yeux dois-je avoir, des yeux de désespéré ? — mes yeux ont beau fouiller le ciel impassible, essayer de voir dans les fonds des ans, dans les fonds du siècle, qu'accrocher ?...

L'être que je suis, en quoi est-il encore l'être qui portait jadis mon nom, qui était connu, écouté ?

Pour lequel beaucoup ont vécu et pour lequel hélas beaucoup sont morts ? Cet être, qu'a-t-il à voir encore avec l'homme qui arpente, amer, interminablement seul, quelques mètres de terre étrangère, fouillant son passé, se perdant en lui, n'y croyant plus pour finir, se demandant si c'est bien lui qui fut retourné cent fois dans les tornades d'un Destin implacable, et s'il ne sort pas d'un long tunnel glacé où tout n'était que fantômes ?...

*

* *

Alors, si je doute de ma chair, de mes os, de ce qu'a forgé jadis mon action publique, si je doute de la réalité de mon passé et de la part que j'ai pu prendre à quelques années d'édification de l'histoire des hommes, que puis-je croire encore des idéaux qui naissaient en moi, qui me brûlaient, que je projetais, de la valeur de mes convictions d'alors, de mes sentiments, de ce que je pensais de l'humanité, de ce que je rêvais de créer pour elle ?

Chaque être humain est une succession d'êtres humains, aussi dissemblables les uns des autres que les passants dont nous scrutons dans la rue les visages disparates.

À cinquante ans, en quoi ressemblons-nous encore au jeune homme de vingt ans dont nous essayons de nous souvenir et dont nous voulons à tout prix être la survivance ? Même sa chair n'est plus la même chair, s'en est allée, a été refaite, renouvelée. Plus un millimètre de peau n'est la peau de ces temps-là.

Et l'âme alors ? Et ce que nous pensions ? Les sentiments qui nous projetaient vers l'action ? Et les sentiments qui nous passaient, comme des souffles de feu, à travers le cœur ?...

*

* *

Même combien d'hommes distincts ne portons-nous pas en nous, qui se combattent, qui se contredisent, ou même qui s'ignorent ? Nous sommes le bien et nous sommes le mal, nous sommes l'abjection et nous sommes le rêve. Nous sommes les deux, emmêlés dans des rets inextricables.

Mais l'atroce du destin n'est pas là. L'atroce, c'est de rompre ces rets eux-mêmes pour jeter son âme par-dessus bord ; l'atroce, c'est de devoir se dire que l'essentiel dans nos vies fut caricaturé, défiguré par mille souillures et par mille reniements.

Qui n'a pas connu ces débâcles... ?

Les uns se rendent compte de leur faillite avec douleur. Les autres en font le constat avec cynisme, ou avec le sourire futé de ceux ou de celles qui ne s'en laissent pas conter, qui sont convaincus que la connaissance de l'homme et la supériorité de l'esprit consistent à avoir passé par toutes les « expériences », à en avoir épuisé délibérément les sucs les plus pervers, sans étonnement excessif et sans regret postérieur, ayant trouvé, dans l'usage et dans la profanation de tout, l'information, la condescendance et l'équilibre d'une «éthique» de décomposition, libérée de tout contrepoids d'ordre spirituel.

Sans doute, le monde où nous vivons est-il devenu, pour une large part, le monde de ces amoraux, si sûrs d'eux-mêmes?... Sans doute, ceux qui s'acharnent à imaginer encore une humanité que de hautes vertus pourraient embellir sont-ils devenus des êtres anachroniques, des non-évolués, collés à de vieilles marottes, vivant à part des hommes, à part de leur temps, à part de la mode, à part du réel?...

*

* *

J'en suis arrivé là. J'avais rêvé d'un siècle de Chevaliers, forts et nobles, se dominant avant de dominer. Dur et pur disaient mes bannières. Je me sens balourd avec mon ballot de rêves passés.

Je sais que des sentiments tels que ceux que j'ai tenté d'exprimer ne se ressentent plus guère, semblent même «pénibles» à certains.

Mais j'en ai tant vu, j'ai tant souffert qu'une amertume de plus ne me lassera pas au point où j'en suis parvenu. Ainsi, tant pis! Ces rêves, eh bien oui, je les ai eus. Ces élans, oui, je les ai portés. Cet amour des autres, oui, il m'a brûlé, il m'a consumé. J'ai voulu voir dans l'homme un cœur à aimer, à enthousiasmer, à élever, une âme qui, fut-elle à demi asphyxiée par la pestilence de ses esclavages, aspirait à retrouver un souffle pur et n'attendait parfois qu'un mot, un regard pour se dégager et pour renaître...

*

* *

Soyons nets. Des droits à lancer, à l'usage d'autrui, des considérations morales ou spirituelles, je n'en ai aucun. Je ne le sais que trop bien. J'ai eu mon lot de misères, hélas, comme tant d'autres ; et, même, ne les eussé-je pas subies, on m'en a tant prêtées, que je n'arrive plus à ressentir, en m'analysant, que de la confusion et une tristesse insondable.

Pourtant, les élans d'idéal qui jettent leur feu dans ce livre m'ont dévoré à chaque jour de mon existence. J'eus dû, bien sûr, laisser à d'autres, moins atteints, le soin et la responsabilité de lancer de vrais chants humains baignés de lumière. Mais ce feu m'incendiait.

Aujourd'hui, étouffé par un sort implacable, le grand incendie de jadis n'a laissé que des cendres.

J'y reviens malgré tout, obstinément, parce qu'elles évoquent les moments de ferveur de ma vie, les élans les plus profonds, la base spirituelle même de mon action. Les voilà donc, bon gré, mal gré, livrées au vent qui les dispersera vite...

*

* *

Ces pensées, ces rêves ne sont même pas ordonnés. Je n'ai pas fait un plan. C'est le comble. Je ne me suis pas mis à ma table comme un écrivain distingué et raisonnable. Je n'ai pas écrit un « Manuel de l' Idéaliste », chapitre par chapitre, en calculant tout, en dosant tout.

Même pas cela. Même rien de tel.

Qu'y faire !

Les élans de l'âme ne se graduent pas comme le débit d'un appareil à gaz. L'espoir, la passion, l'amour, la foi, la peine, la honte me dictaient des écrits que je jetais aux hommes à tel ou tel moment parce que je les ressentais alors avec plus de force. Parfois c'était au sommet de mon action publique. Parfois c'était dans l'abandon, la boue, le froid de ma vie lointaine de soldat souffrant dans les immensités du front de l'Est. Mais l'âme qui vivait ces élans suivait un fil conducteur, invisible à beaucoup : il était pourtant l'artère qui alimentait spirituellement mon existence.

Ainsi ces notes ne sont pas tellement déjetées, elles disent les hauts et les bas d'une âme parmi les âmes, qui toutes ont leurs hauts, leurs bas.

*

* *

Certes, l'esprit arrivé à la « sagesse » étale du cynisme, peut dominer en souriant les marbres glacés de son cimetière intérieur et graver sur eux ses constats avec un stylo impassible. Mais le feu, lui, a des flammes diverses, s'élève, s'abaisse, renaît, s'élance. Ce livre, c'est du feu, avec les exaltations du feu, les démesures du feu.

Si au moins il pouvait en avoir la bienfaisante chaleur ! Si des âmes pouvaient près de lui trouver réconfort et vigueur, comme on les trouve à méditer, le soir, près d'un grand feu de bois presque silencieux ! Les ondes de sa puissante vie pénètrent, et leur rayonnement, et leur recueillement. Elles s'offrent complètement, elles se livrent complètement. Le don, le vrai don est ainsi, s'anéantissant jusqu'au dernier brandon.

*

* *

Ici, dans mon cas personnel, il ne s'agit plus que d'un feu mort. Ma vie s'est écrasée dans des abîmes, a été submergée par des lames de fond qui ont tout recouvert.

Mais je veux croire malgré tout que ces élans qui animèrent l'action d'un homme mort déjà aux yeux de la plupart des hommes — s'il a le malheur de vivre encore pour lui-même — pourront encore rejoindre spirituellement de-ci de-là, dans le monde, des cœurs anxieux...

Je me souviens de trois mots que j'avais déchiffrés un jour sur une tombe de marbre noir, là-bas à Damme en Flandre, dans une église de ma patrie perdue : ETSI MORTUUS URIT.

« Même mort, il brûle... »

Puissent ces pages, dernier feu fugace de ce que je fus, brûler encore un instant, réchauffer encore un instant des âmes hantées par la passion de se donner et de croire, de croire malgré tout, malgré l'assurance des corrompus et des cyniques, malgré le triste goût amer que nous laissent à l'âme le souvenir de nos chutes, la conscience de notre misère et l'immense champ de ruines morales d'un monde qui est certain de ne plus avoir de salut, qui s'en fait gloire et qui pourtant doit être sauvé, doit plus que jamais être sauvé.

II

L'AGONIE DU SIÈCLE

Aimer ? Pourquoi ? Pourquoi aimer ?

L'être humain s'est barricadé derrière son égoïsme et son plaisir. La vertu a délaissé son chant naturel. On se gausse de ses vieux rites. Les âmes étouffent. Ou même elles ont été liquidées, derrière les décors des habitudes et des conventions.

Le bonheur est devenu, pour l'homme et pour la femme, un monceau de fruits qu'ils croquent à la hâte ou dans lesquels ils plantent des dents rapides sans plus, pour les rejeter pêle-mêle — corps abîmés, âmes abîmées — une fois épuisée la frénésie passagère, en quête déjà d'autres fruits plus excitants ou plus pervers.

L'air est chargé de tous les reniements moraux et spirituels. Les poumons aspirent en vain à une bouffée d'air pur, à la fraîcheur d'un embrun jeté au ras des sables.

Les jardins intérieurs des hommes ont perdu leurs couleurs et leurs chants d'oiseaux. L'amour, lui-même, ne se donne plus. Et d'ailleurs, qu'est-ce que l'amour, le plus beau mot du monde, ravalé au rang de passe-temps physique, instinctif et interchangeable ?...

Le seul bonheur pourtant résidait dans le don, le seul bonheur qui consolait, qui enivrait comme le parfum plénier des fruits et des feuillages de l'automne.

Le bonheur n'existe que dans le don, le don complet ; son désintéressement lui confie des saveur d'éternité ; il revient aux lèvres de l'âme avec une suavité immatérielle.

Donner ! Avoir vu des yeux qui brillent d'avoir été compris, atteints, comblés !

Donner ! Sentir les grandes nappes heureuses qui flottent comme des eaux dansantes sur un cœur soudain pavoisé de soleil !

Donner ! Avoir atteint les fibres secrètes que tissent les mystères de la sensibilité !

Donner ! Avoir le geste qui soulage, qui enlève à la main son poids charnel, qui épuise le besoin d'être aimé !

Alors le cœur devient léger comme le pollen. Son plaisir s'élève comme le chant du rossignol, voix brûlante qui nourrit les ombres. Nous ruisselons de joie. Nous avons vidé cette puissance de bonheur que nous n'avions pas reçue pour nous, qui nous encombrait, que nous devions déverser, comme la terre ne peut contenir sans fin la vie des sources et les laisse éclater sous les crocus et les jonquilles, ou dans les failles des rochers verts.

Mais aujourd'hui dans mille failles desséchées les sources spirituelles ont cessé de jaillir. La terre ne déverse plus ce don qui la gonflait. Elle retient son bonheur. Elle l'étouffe.

*

* *

L'agonie de notre temps gît là.

Le siècle ne s'effondre pas faute de soutien matériel. Jamais l'univers ne fut si riche, comblé de tant de confort, aidé par une industrialisation à ce point productrice.

Jamais il n'y eut tant de ressources ni de biens offerts.

C'est le cœur de l'homme, et lui seul, qui est en état de faillite.

C'est faute d'aimer, c'est faute de croire et de se donner, que le monde s'accable lui-même des coups qui l'assassinent.

Le siècle a voulu n'être plus que le siècle des appétits. Son orgueil l'a perdu. Il a cru aux machines, aux stocks, aux lingots, sur lesquels il régnerait en maître. Il a cru, tout autant, à la victoire des passions charnelles projetées au-delà de toutes les limites, à la libération des formes les plus diverses des jouissances, sans cesse multipliées, toujours plus avilies et plus avilissantes, dotées d'une « technique » qui n'est, en somme, généralement, qu'une accumulation, sans grande imagination, d'assez pauvres vices, d'êtres vidés.

*

* *

De ses conquêtes, ou plus exactement de ses erreurs, puis de ses chutes, l'homme n'a retiré que des plaisirs qui paraissaient suprêmement excitants au début et qui n'étaient en fait que du poison, de la boue et du toc.

Pour ce toc, cette boue et ce poison, pourtant, l'homme, la femme avaient délaissé, avaient profané, à travers leurs rêves et leurs corps dévastés, la joie intérieure, la vraie joie, le grand soleil de la vraie joie. Les bouffées de plaisir des possessions — matière ou chair — devaient, tôt ou tard, s'évanouir parce qu'illusoires, viciées dès le début, vicieuses de plus en plus.

Il n'est resté au cœur des vainqueurs passagers de ces enchères stériles que la passion de prendre, de prendre vite, des bouffées de colère qui les dressent contre tous les obstacles et de fades odeurs de déchéance collées à leurs vies saccagées et pourries.

Vains, vidés, les mains ballantes, ils ne voient même pas arriver l'instant où l'œuvre factice de leur temps s'effondrera.

*

* *

Elle s'effondrera parce qu'elle était contraire aux lois mêmes du cœur, et — disons le grand mot — aux lois de Dieu. Lui seul, si fort qu'on en ait ri, donnait au monde son équilibre, orientait les passions, leur ouvrait les vannes du don complet et de l'amour authentique, indiquait un sens à nos jours, quels que fussent nos bonheurs et nos malheurs.

On pourra réunir toutes les Conférences du monde, rassembler par troupeaux les Chefs d'État, les experts économiques et les champions de toutes les techniques. Ils soupèseront. Ils décrèteront.

Mais, au fond, ils échoueront car ils passeront à côté de l'essentiel.

La maladie du siècle n'est pas dans le corps.

Le corps est malade parce que l'âme est malade.

C'est elle qu'il fallait, qu'il faudra coûte que coûte guérir et revivifier.

La vraie, la grande révolution à faire est là.

Révolution spirituelle.

Ou faillite du siècle.

Le salut du monde est dans la volonté des âmes qui croient.

III

VIE DROITE

Ceux qui hésitent devant l'effort sont ceux dont l'âme est engourdie.

Un grand idéal donne toujours la force de mater son corps, de souffrir la fatigue, la faim, le froid.

Qu'importent les nuits blanches, le travail accablant, les soucis ou la pauvreté !

L'essentiel est d'avoir au fond de son cœur une grande force qui réchauffe et qui pousse en avant, qui renoue les nerfs déliés, qui fait battre à grands coups le sang las, qui met dans les yeux le feu qui brûle et qui conquiert.

Alors plus rien ne coûte, la douleur même devient joie car elle est un moyen d'élever son don, de purifier son sacrifice.

*

* *

La facilité endort l'idéal. Rien ne le redresse mieux que le fouet de la vie dure ; elle nous fait deviner la profondeur des devoirs à assumer, de la mission dont il faut être digne.

Le reste ne compte pas.

La santé n'a aucune importance.

On n'est pas sur la terre pour manger à l'heure, dormir à temps, vivre cent ans ou davantage.

Tout cela est vain et sot.

Une seule chose compte : avoir une vie utile, affiler son âme, être penché sur elle à chaque instant, à surveiller ses faiblesses et à exalter ses élans, servir les autres, jeter autour de soi le bonheur et la tendresse, donner le bras à son prochain, pour s'élever tous en s'aidant l'un l'autre.

Une fois ces devoirs accomplis, qu'est-ce que cela signifie de mourir à trente ans ou à cent ans, de sentir battre la fièvre aux heures où la bête humaine crie à bout d'efforts ?

Qu'elle se relève encore, malgré tout !

Elle est là pour donner sa force jusqu'à l'usure.

*

* *

Seule l'âme compte et doit dominer tout le reste.

Brève ou longue, la vie ne vaut que si nous n'avons pas à rougir d'elle à l'instant où il faudra la rendre.

*

* *

Quand la douceur des jours nous invite, et la joie d'aimer, et la beauté d'un visage, d'un corps parfait, d'un ciel léger, et l'appel des courses lointaines, quand nous sommes près de céder à des lèvres, à des couleurs, à la lumière, à l'engourdissement des heures détendues, resserrons dans nos cœurs tous ces rêves au bord des évasions dorées...

La véritable évasion, c'est de quitter ces chères proies sensibles, à l'instant même où leur parfum convie nos corps à défaillir.

À cette heure où il faut refouler le plus tendre de soi-même et porter son amour au-dessus de son cœur, alors où tout est pénible jusqu'à la cruauté, un sacrifice commence vraiment à être entier, à être pur.

Nous nous sommes dépassés, nous donnons enfin quelque chose.

Avant, c'était encore nous que nous cherchions et ce rien d'orgueil et de gloire qui corrompt tant de jaillissements venus tout d'un coup de nos âmes et utilisés au lieu d'être donnés.

On ne donne pour de bon, sans calcul — car tout est passé d'un côté et plus rien n'est resté de l'autre — que lorsqu'on a d'abord tué son amour de soi. Ça ne se fait pas tout seul car la bête humaine est rétive. Et nous comprenons si mal les enseignements de l'amertume...

*
*   *

Il est doux de rêver à un idéal et de le bâtir dans sa pensée.

Mais c'est encore, à dire le vrai, fort peu de chose.

Qu'est-ce qu'un idéal qui n'est qu'un jeu, ou mettons même un rêve très pur ?

Il faut le bâtir, après cela, dans l'existence.

Et chaque pierre est arrachée à nos aises, à nos joies, à notre repos, à notre cœur.

Quand malgré tout l'édifice, au bout des ans, s'élève, quand on ne s'arrête pas en route, quand, après chaque pierre plus lourde à dresser, on continue, alors seulement l'idéal se met à vivre.

Il ne vit que dans la mesure où nous mourrons à nous-mêmes.

Quel drame, au fond, qu'une vie droite...

DEUXIÈME PARTIE

SOURCES DE VIE

IV

LA TERRE ORIGINELLE

On est l'homme d'un peuple, d'un sol, d'un passé.

On peut ne pas le savoir. On peut essayer de l'oublier.

Mais les évènements se chargent vite de nous ramener aux sources de vie.

*

* *

Ils nous ramènent d'abord aux hommes de notre sang : honteuse ou lumineuse, la famille noue autour de nous ses liens, de plus en plus serrés et fermes avec le temps.

Parfois ils étouffent. Jamais on ne s'en débarrasse.

Que le sang soit en jeu, on bondit. Le sang d'avance a raison. On fait corps avec lui, comme si nos veines ne constituaient qu'un organisme et que la famille n'avait qu'un seul cœur, un cœur qui projette le même sang dans chacun d'entre nous et le rappelle de toutes parts au foyer vital.

*

* *

Il en est de même du pays.

On n'y échappe pas.

La vue d'une estampe jaunie de nos cathédrales, le souvenir de l'odeur des dunes, de la couleur grise de nos coteaux, de la courbe de nos fleuves fait monter à notre gorge un amour qui nous étouffe tant il est ému en grondant.

Le passé du pays s'inscrit jusqu'au fond de notre conscience et de notre sensibilité.

Tout, chez nous, est survivance, renaissance même à notre insu.

Le passé d'un pays renaît dans chaque génération comme le printemps revient, toujours dans des germinations nouvelles.

*

* *

Nous avons beau être légers, courir le monde, égarer notre esprit : le sol natal envoie dans nos cœurs un fluide que nous ne créons pas et qui nous domine.

Et il suffit de la voix d'un poste émetteur captée au pays lointain, apportée par des ondes imprécises, pour que souvenirs, liens et lois se dégagent à nouveau, véritable filigranes inscrits indestructiblement dans la trame de nos jours tourmentés.

V

LE CŒUR ET LES PIERRES

Il faut avoir bourlingué sur les mers les plus lointaines, connu les nuits rousses des Tropiques, les feux de cannes à sucre, les chants des nègres, les déserts avec leurs sables rosés, leurs arbrisseaux sans feuilles, les squelettes de chevaux désossés par les vents, il faut avoir remonté les lacs gelés et les neiges brûlantes, cueilli des mimosas sur les ruines de Carthage, des pamplemousses à La Havane, un brin d'herbe près des cannelures de l'Acropole, pour aimer pleinement un pays, celui qu'on vît le premier, avec les seuls yeux lucides qui soient au monde : les yeux d'enfant.

Il faut avoir connu d'autres voyages, avec ses meubles et ses hardes, ses livres, ses tableaux, son simple bien matériel, il faut avoir été ce nomade des appartements anonymes où l'on s'assoit comme dans un train, pour connaître la passion et la nostalgie du premier de tous les paysages, de ce cadre de cœur qu'est la « maison ».

*

* *

Nous pouvons évoquer sans regret les grandes joies des terres étrangères.

Elles dorent encore notre regard : le jour se lève jaune et argent sur les palmiers qui longent la Mer des Antilles ; le brouillard fume dans les oliviers du vallon de Delphes ; des pêcheurs rament dans la nuit bleu clair des Cyclades ; la palmeraie est zébrée de soleil près des murailles rousses de Marrakech.

Mais le souvenir des voyages errants dans ces prisons que sont les logis sans âme nous pèse et nous étouffe.

*

* *

Que reste-t-il, dans notre vie, de ces relais impersonnels ?

Les murs où l'on a, sans cœur, accroché, décroché les tableaux ? L'appartement voisin d'où l'on vous guette ? Les bruits mêlés des téléphones ? L'escalier où l'on se croise sans se connaître ? La voiture cellulaire de l'ascenseur avec ses doubles barreaux ?...

Nous regardons ce décor de vie et de mort avec des yeux ternes, chargés d'un véritable désespoir.

*

* *

Que nous disent ces cloisons, cette cuisine ouverte sur des cours horribles, longues de quelques mètres, sans un coin imprévu, sans un caprice, sans un feuillage naturel et sans un nid ?

Que nous disent ces lits et ces meubles placés vaille que vaille, mal à l'aise, gênés comme s'ils ne se sentaient pas chez eux, les pauvres, malheureux et nomades comme flous ?

Car ils ont une âme, les meubles.

Ce vieux bahut qui encombre le couloir, cette caisse d'horloge qui ne résonne plus pour ne gêner personne, ont vécu jadis, ont connu jadis une vraie maison, ont eu pendant cent ans, deux cents ans, leur place, leurs frôlements, leur odeur. Leurs portes battaient comme des ailes. Les heures jaillissaient comme des appels.

Pauvre bahut et pauvre horloge, loin du parquet ciré, de l'odeur de lavande, de l'eau qu'on jetait sur l'escalier usé, des voix voisines, du salut du soleil entré brusquement par la porte ouverte...

*

* *

Nous, les dépaysés modernes, traînés d'appartement en appartement dans les villes aux yeux vides, nous nous sentons un peu plus arrachés à nos cœurs chaque fois qu'il nous faut franchir un nouveau seuil, éclairer ces couloirs trop blancs, nous habituer à ces poignées, à ces volets, à cette porte qui ne tient pas, à ce gaz qui flambe trop vite, à ces autobus qui passent avec un hululement brutal qui casse l'âme...

On se tait.

Mais on n'oublie rien.

Et l'homme, comme le vieux bahut et la grande horloge, immobile, regarde et voit...

*

* *

La maison natale se ranime dans les souvenirs. La voilà. Un rien de feuillage éclaire la façade. Deux marches de pierre bleue. Un grand balcon de vigne-vierge dans les jardins. Tout est à sa place. Tout a un sens, une odeur, une forme corporelle. On va à l'armoire : l'armoire, ce mot magnifique, plein, grave parce qu'elle contient le pain et les aliments essentiels. On peut, les yeux fermés, trouver quelque chose. Ce coin sent le tabac ; celui-là le chat, qui a toujours ronronné à l'endroit le plus tiède. Ce bruit, c'est la chaise du bureau où le papa se lève. Ce pas, avec des arrêts, c'est la maman qui, à la salle à manger, arrose ses fleurs. Ces chambres ne sont pas des haltes. C'est la chambre « au-dessus du salon », c'est la chambre « au-dessus du bureau », c'est la chambre « des petits », même quand ils sont devenus des hommes aux *pensers lourds...*

*

* *

Chacune de ces chambres a son histoire, a connu ses veilles, ses malades ; on est descendu de celle-ci un matin en portant dans ses bras un corps chéri...

Ah ! L'horreur de ces appartements anonymes où nos enfants sont nés ou sont morts, devant des décors dans vie, quittés depuis et où d'autres nomades ont, à leur tour, repris la vie saccadée, sans souvenirs d'âme, sans oser même en retenir car on ne saurait où les mettre...

*

* *

Maison de jadis, avec tes pauvres cretonnes, ton mauvais goût parfois, cette boule de la rampe, ces photos d'enfants à la queue leu leu, le gros piano, la cheminée noire, la baignoire d'étain où l'on entrait l'un après l'autre, ces pas qu'on pèse encore vingt ans plus tard rien qu'à s'en souvenir, ces souffles qu'on entend passer à nouveau près de soi, ce visage de la maman qui se ranime au loin puis qui est là devant les yeux, presque impénétrable et qui vous rend tout à coup si enfant qu'on voudrait être caressé de nouveau...

Des appels d'immense tendresse remontent avec de lointains parfums de fleurs et de feuillage ; des chants d'eau passent au fond du jardin, dans une douceur de soleil différente chaque endroit du monde.

*

* *

Tout vient de ce temps-là.

Infortunés enfants, ceux qui n'auront jamais eu de maison à eux et qui n'assemblent pas ces souvenirs qui font la vie...

*

* *

C'est la maison qui nous pétrit.

Comment aurions-nous une âme si la maison n'a point de visage, n'est qu'un masque changé à tous les carnavals des hommes ?

On ne peut centrer la vie que sur des cœurs et sur des pierres ; le reste s'en va comme les longs trains de bois à la dérive sur les eaux d'hiver.

*

* *

Maison, forteresse et tendresse...

Tout prend un visage petit à petit, au fur et à mesure des travaux, des douleurs communes, des enfants qui naissent.

Les murs ont contenu les amours et les rêves.

Les meubles beaux ou laids furent des compagnons et des témoins.

Un parfum monte tout doucement de ces âmes mêlées, et un recueillement, un repos, une certitude, au lieu des haltes essoufflées sur des paliers d'existence.

*

* *

Douceur, équilibre, points de repère, témoignage, examen de soi.

Sans la maman et la maison, dis-moi, mon âme, où serions-nous ?

VI

LA CHAIR QUI COMMENCE

Les hommes peuvent s'abaisser, vivre dans une agitation de plus en plus frénétique, et des millions de tarés bomber le torse : la noblesse maternelle conserve parmi des milliers de cœurs naturels et vibrants son rayonnement pathétique.

Elle émeut aujourd'hui comme aux jours où les premières femmes sentirent leur corps agité par d'indicibles tressaillements.

Dès cette heure-là elles ne sont plus les mêmes.

Hier elles couraient, l'œil clair, l'âme vide, les lèvres distraites.

La vie naissant en elles comme une floraison cachée leur donne tout à coup une gravité, une assurance, une grande force fière, la certitude de créer, de donner, et le charme ému du mystère vivant qui jaillira un jour de leurs douleurs.

*

* *

Elles passent encore en riant mais leur regard est plus profond.

Elles portent en elles un trésor dont les palpitations se lient à leurs palpitations les plus intimes. Leurs élans, leur mélancolie, ce grand idéal, inavoué parfois, qui les soulève ou les tourmente, les pensées et les regrets, les joies et les désirs ne font plus qu'un avec cette vie invisible à tous, présente à chaque instant pour elles qui lui donnent sang et âme dans une communion exacte de chair et de cœur.

Elles sont vaillantes et lasses.

Lasses du corps qui fléchit, lasses de leur jeunesse courbée comme des branches de fruits trop lourdes, lasses de soleil et de vent.

Mais vaillantes du renouveau que leur sein contient tendrement, dans cette chair que leurs vibrations les plus délicates modèlent.

*

* *

Elles savent que cette âme-fleur, ouverte à peine dans la nuit, sera demain fraîcheur, innocence si leur cœur à elles qui la couvre comme le ciel nocturne est rempli de la douceur et de la paix des nuits où tout n'est qu'étoiles et silence.

Parmi le monde qui bruit elles portent cette nuit de lumière.

Leurs yeux rêveurs contemplent ces grands paysages lunaires où un monde connu d'elles seules sommeille, puissant et immense.

Elles regardent ces montagnes bleues, ces eaux noires et lisses, cet enchantement du ciel criblé de feux sertis dans le jais des soirs comme des pierres inaccessibles.

Elles avancent sous ces clartés nocturnes, le cœur serré mais le pas sûr. Personne d'autre ne chemine. L'univers est distrait. Elles seules veillent. Elles seules ont les yeux de la chair. Elles progressent, le corps lourd, l'âme tendue, élevée, comme aspirée par cette grandeur des nuits secrètes.

Ces mois où la chair fleurit sont leur printemps exclusif où les ombres et les parfums, les couleurs et les lumières n'atteignent que leur grand amour, tendu à bras ouverts à la vie comme un verger du cœur.

*

* *

Elles connaîtront la libération des aubes charnelles et le détachement du rêve puis les constants efforts, courbées vers ces corps et ces âmes qui les enchantent et qui leur font peur.

Royauté tremblante et radieuse.

Que renaîtra-t-il dans ces cœurs ?

Garderont-ils le chant et la virginité des eaux de montagnes ?

Ces yeux naïfs feront-ils un jour pleurer ? Cette petite tête bouclée, couleur du soleil sur le mur de pierre, portera-t-elle les pensées nettes, l'idéal dont la mère a rêvé, comme de glaïeuls ardents ?

Le mieux, pour ne pas trop craindre, sera de tracer soi-même la route rectiligne mais bordée de verdure et de bois frais, au-dessus de laquelle voyagent les blancheurs qui lissent les chemins de terre à ciel.

*

* *

La maman ne mettra dans le cœur des petits, une fois de plus, que ce qu'elle aura nourri en elle-même.

Leur âme contiendra ce que la sienne aura contenu.

Les images de son cœur traceront sur eux de grands reflets, comme on voit des ombres avancer dans les champs sous les nuages blancs des grands cieux déployés et tièdes.

*

* *

Elle ne pourra supporter leur regard que si son âme est aussi nette que la leur.

Tout ce qui n'est pas frais et pur étonne les enfants et déteint sur leur cœur.

Ils ne seront plus tard force et renoncement, sagesse et simplicité, vertu et joie, que si la nourriture spirituelle fut candide comme l'avait été le lait originel.

*

* *

Les visages des mères sont nobles, souverainement clairs lorsque la pureté des vies volontairement innocentes les a rafraîchies aux mille matins des sacrifices.

*

* *

Femmes privilégiées, dont la chair tressaille, tournées vers le rêve intérieur, qu'habite et brûle le grand secret de la vie qui commence...

VII

LA VOCATION DU BONHEUR

Plus on avance parmi les sourires hypocrites, les yeux cupides, ou malpropres, les mains intéressées, les corps flétris, plus on est déçu par la médiocrité de l'existence.

*

* *

On s'aperçoit vite que seules restent solides et éternelles les joies mises dans nos cœurs quand nous étions petits.

C'est alors qu'on nous rend heureux ou malheureux pour toujours.

*

* *

Si nous avons eu une enfance calme, douce comme un grand ciel doré, si nous avons appris à aimer et à nous donner, si nous avons joui, tout petits déjà, de l'enchantement que nous dispensaient à toute heure le ciel et la lumière, la nature toujours à notre portée et toujours changeante, si on nous a fait un cœur simple comme le regard des bêtes, naïf comme le matin, humain, sensible, bon, lié aux affections vraies et naturelles, la vie restera pour nous, jusqu'au bout des chemins rocailleux ou boueux, pareille au ciel qui domine puissant et clair les fondrières des plus mauvaises routes.

*

* *

Il y a une vocation au bonheur.

On la développe ou on l'étouffe.

Si on forme les enfants, simplement, à des joies profondes mais élémentaires, ils avanceront dans la vie en gardant dans leurs yeux la lumière de leur vie intérieure, équilibrée, sans déportements continuels.

Mais si on déjette leur enfance, s'ils ont trop vu ou trop entendu, s'ils ont été pris dans un tourbillon, si des années de tendresse calme n'ont pas fortifié en eux le bonheur fragile de leur innocence, alors leur vie sera ce que leur enfance fut : au lieu de voir le désordre, ils seront eux-mêmes le désordre.

N'ayant jamais été stabilisés dans leurs goûts, leurs sentiments, leurs pensées, ils seront à la merci des bourrasques, des joies troubles qui les brûleront et créeront du malheur aux dépens des autres.

*

* *

Après il devient difficile de changer.

On ne redresse pas un arbre durci ; on peut tout au plus, alors, dégager le feuillage ou couper des branches.

Mais lorsqu'il était jeune, plein de sève, on eût pu le plier d'un doigt agile, le guider, l'aider à s'épanouir.

C'est à l'heure où les enfants ont simplement l'air de jouer, de regarder, sans plus, un moineau ou une alouette, d'épeler des mots et de donner des baisers, qu'ils photographient dans leur cœur, dans leur imagination, le spectacle exact que nous leur donnons.

*

* *

La vie ne fera que développer la photographie ; les acides de l'existence imprimeront en eux les images, belles et puissantes, ou troubles et attristantes, que nous aurons offertes à leurs petits yeux curieux, à leur cœur net comme une feuille de papier brillante.

*

* *

Ce dont notre orgueil ou notre agitation, ou hélas nos passions les auraient privés, nous le payerons cruellement plus tard en les voyant instables, insatisfaits, l'âme veule, ou l'âme ravagée par notre faute.

VIII

LE TEMPS DES NOËLS

Nous n'étions que des petits enfants ardennais.

La neige fermait l'horizon, encapuchonnait la crête des toits et se collait en paquets de plus en plus épais sous nos sabots.

Nous étions sûrs d'avoir vu Saint-Joseph tourner au coin de la Rue du Moulin. La côte de l'église était rude à monter, à minuit. On nous avait permis de tenir nos sabots à la main au dernier raidillon. Puis nous étions passés brusquement de la nuit aux fléchettes glacées, dans l'odeur chaude des nefs éclatantes.

*

* *

La tête nous tournait un peu.

L'encens nous saoulait.

Le Doyen lui-même était pâle.

Mais le jubé faisait un vacarme à écarter les sangliers à dix kilomètres de nos grands bois touffus.

Le souffleur de l'orgue pédalait comme s'il craignait d'arriver en retard.

L'instituteur entraînait la chorale dans des tourbillons.

Au moment du « Minuit, Chrétiens », l'émotion et le fracas avaient été tels que nous étions grimpés sur la paille des chaises, nous attendant à ce que, tout d'un coup, les anges dévalassent au-dessus du chœur.

*

* *

Mais les anges avaient continué à stationner sagement parmi les bougies, avec leurs grandes ailes au repos.

Nous nous étions approchés d'eux, une petite pièce de deux sous nos gros gants de laine. Nous nous étions mis à genoux sur le marbre. Le bœuf brun et l'âne gris se trouvaient tout près de nous. Et nous brûlions de les toucher pour voir si leur poil frémirait comme à la fontaine.

Mais les enfants aimaient encore mieux les enfants que les bêtes. Jésus était étendu sur la paille. Nos cœurs s'attendrissaient en pensant qu'il devait avoir bien froid. Personne ne lui avait donné comme à nous de gros bas. Ni de sabots. Ni d'écharpe pour cacher son nez. Ni de gants de laine verte pour couvrir ses gerçures. Cela nous pinçait le cœur très fort. Nous regardions un peu étonnés le papa

Saint-Joseph qui ne faisait rien pour qu'on le distinguât, et la Maman bleue et blanche, tellement immobile et si belle...

*

* *

Nous ne connaissions que des mamans belles avec des yeux purs où l'on pouvait tout regarder. Nous avions tant regardé ces yeux-là... Mais ceux de la Maman du Petit Jésus nous ravissaient à l'extrême, comme si le Ciel faisait voir aux enfants plus que ne voient les hommes...

Nous ne disions rien en redescendant la côte.

Quand les enfants ne disent rien, c'est qu'ils ont tant de choses à dire...

Le chocolat qui fume, la grande table couverte de gâteaux, à la maison, ne sont jamais parvenus à nous arracher, au retour, aux conversations invisibles qui s'étaient nouées d'enfants de mamans humaines au petit garçon de la Maman du Ciel.

En haut du piano, une autre crèche avait été dressée où nous pouvions, debout sur le tabouret, prendre dans nos mains le bœuf et l'âne.

On allumait chaque soir de toutes petites bougies roses et bleues. Chacun avait la sienne, sur laquelle il soufflerait un grand coup à la fin des prières. Derrière, à genoux près d'une chaise, dans le noir, la maman dirigeait nos élans religieux, nous guidait.

Quand tout était fini, lorsque nous nous retournions vers elle afin d'obtenir le droit d'éteindre nos mignons luminaires, nous voyions dans ses deux yeux briller tant de ferveur émue... Le Paradis vient dans le cœur des enfants lorsque c'est la maman qui le porte...

*

* *

À cette heure-là, humble et poignante la maman savait que des petites âmes avaient été marquées pour toujours, que l'on pourrait souffler sur les petites bougies allumées dans nos cœurs près de la crèche, qu'on ne les éteindrait jamais.

*

* *

Et chaque hiver, quand revient Noël, les petites flammes allumées par nos mères remontent toutes droites et crépitent.

TROISIÈME PARTIE

LA DÉTRESSE DES HOMMES

IX

LES AVEUGLES

L'argent, les honneurs, les corps gâchés, l'âpreté à saisir un bonheur terrestre qui fuit entre les doigts et s'échappe toujours, ont fait du troupeau humain une horde pitoyable, se ruant, se déchirant pour trouver des libérations qui n'existent pas.

Cohue où les rires sonnent faux, pour nous rappeler qu'il ne s'agit pas de troupeaux mais d'hommes.

*

* *

Ce piétinement de maudits a saisi les peuples, après les individus.

Ce n'est plus une ronde d'isolés, happés par des passions ou par des vices. Ce sont les collectivités qui sont aspirées par le vertige des désirs impossibles, désir d'être le premier, c'est-à-dire d'écraser, désir de baser sa puissance sur la matière, c'est-à-dire d'étouffer et d'éliminer le spirituel, dans des efforts d'autant plus inutiles que l'humain fond à l'étreinte et que le spirituel ressurgit toujours, comme un reproche, ou comme une malédiction.

*

* *

La bassesse a dépassé les cercles limités des « élites » pour gagner les cercles étendus des masses, atteintes, elles aussi cette fois, par les ondes répandues à l'infini de l'envie, de l'ambition et des pseudo-plaisirs qui ne sont que des caricatures de la joie.

L'eau claire des cœurs s'est troublée jusqu'aux lignes les plus lointaines.

Le fleuve des hommes charrie une longue odeur de vase.

Le désordre du siècle a bouleversé tout ce qui était jadis lumière, roseaux et vols plongeants des hirondelles.

*

* *

Les hommes et les peuples se toisent, l'œil violent, les mains marquées par la flétrissure et par les morsures que leur ont laissé les proies brûlantes vite avilies.

Chaque jour le monde est plus égoïste et plus brutal.

On se hait entre hommes, entre classes, entre peuples, parce que tous s'acharnent à la poursuite de biens matériels dont la possession furtive révèle le néant.

Mais tous délaissent les biens, tendus à chacun, de l'univers moral et de l'éternité spirituelle.

*

* *

Nous courons éperdus, le front ensanglanté d'avoir cogné tous les obstacles, sur des chemins de haine, ou d'abjection, ou de folie, criant nos passions, nous jetant vers tout, pour être seuls à saisir ce qui pourtant ne sera saisi jamais.

X

LES LIGNES DE DOULEUR

Il n'est pour ainsi dire pas de cœur que n'aient sali des vilenies, des actes sordides, des fautes lépreuses qui laissent flotter dans le regard des lueurs qui ne trompent pas.

Même les cœurs revenus des marais à la purification gardent toujours un goût amer d'imparfait et de cendres.

On a pu réparer la porcelaine rare : toujours celui qui connut la chute reconnaîtra les lignes, si finement réparées soient-elles, de la rupture. Il sait que jamais ne reviendra l'unité invisible du parfait, celle dont il ne pensait même pas qu'elle pût mourir.

*

* *

Plus on avance dans la vie, plus le cœur est marqué de ces lignes de douleur, imperceptibles pour tous ceux qui n'ont pas vu ou pas connu, mais déchirantes par tout ce qu'elles contiennent de délicatesse brisée, comme des soies fines qui se sont rompues avec des crissements.

Heureux encore ceux-là que des souffrances invisibles purifient !

*

* *

Combien d'autres, revenus vaille que vaille du vice, s'acharnent à se convaincre que cet abaissement fut utile, pénétrés à jamais par cette tunique brûlante qui s'est refroidie sur leur peau et y colle, faite chair comme la chair corrompue, désormais confondue avec elle.

Quels yeux regarder sans trembler?

Que cachent-ils?

Qui n'a pas été vil un jour, qui ne porte pas en soi des mots, des gestes, des désirs, des abdications inavouables, ou le cadavre momifié de sa vie intérieure?

Combien d'hommes, combien de femmes n'escamotent-ils pas à l'abri des conventions la faillite de leur sensibilité, de leurs serments et la profanation misérable de leur corps? Avec des remords parfois. Sans remords la plupart du temps. Ou plutôt même avec un petit air de triomphe et d'insolente provocation.

Les chutes finales, celles qui ont tout liquidé, la décence, la pudeur, le respect de soi, de son corps, de sa parole, et Dieu avec le reste, ne sont que le résultat de centaines de petits reniements préalables, niés ou camouflés au début.

L'ensemble ne s'abat que lorsque les fibres innombrables du cœur ont été cisaillées l'une après l'autre, parmi les subterfuges, les mauvaises raisons, suivis de multiples abandons de plus en plus irrémédiables, avec la conscience assassinée, au bout des débâcles...

*

* *

La déchéance sourd secrètement dans la pensée avant de se répandre dans tout l'être.

Le corps ne cède, ne se laisse salir, engluer, puis souiller à mort que bien après que l'âme, négligente ou grisée par les appels troubles, ait laissé aller au fil de l'eau les rames qui traçaient, au début, des routes droites sur les eaux pures.

XI

LES SAINTS

Les Saints, intelligents ou non mais au cœur donné sans limites, ceux-là que jugent de si haut les déchus et les corrompus, les Saints nous montrent que la perfection est ouverte à tous.

Eux aussi furent de simples hommes, de simples femmes, chargés de passions, de faiblesses et souvent de fautes.

Eux aussi ont dû parfois se lasser, céder, se dire qu'ils n'arriveraient jamais à se débarrasser de cette odeur de boue et de péché qui nous accompagne.

Mais ils n'ont pourtant pas renoncé.

À chaque chute ils se sont redressés, décidés à être d'autant plus vigilants qu'ils se sentaient plus faibles.

La vertu n'est pas un éblouissement soudain mais une lente, dure et parfois très pénible conquête.

Ils ont eu la joie surhumaine de se sentir enfin vainqueurs de leur corps et de leur pensée.

*
* *

Leur lutte nous dit que le bonheur, sur terre et au-delà de la terre, est à la portée de chacun.

Chacun a une volonté pour s'en servir.

Avant le corps, c'est l'esprit qui gagne ou qui capitule. Et même lorsque le corps a cédé, l'esprit peut le relever, ou le laisser se corrompre davantage encore, puis s'empoisonner à jamais.

*

* *

Nous sommes nos maîtres. Nous pouvons également nous abîmer dans les gouffres, ou les côtoyer, ou les remonter, et les dépasser. Tout peut être évité et tout peut être fait.

XII

L'ÉTERNELLE CRUCIFIXION

Face aux ironies méprisantes des jouisseurs et des sceptiques, on ose à peine rappeler, que, depuis deux mille ans, le plus grand des drames humains, celui de la Passion, se répète spirituellement à chaque printemps.

Qui va souffrir, qui va se trouver là près du Calvaire en ces nouveaux jours d'agonie ?

Dans le désert du temps se dresse la Croix.

La vie banale ou louche ou perverse des hommes continuera à s'écouler comme un fleuve terne.

Le Christ recevra les coups et les épines. Il s'écroulera sur le sol. Le bois de la croix écrasera sa chair.

On le plantera à grands coups de marteau sur l'arbre dur. *Ils ont percé mes mains et mes pieds, ils ont compté tous mes os.*

Qu'en saura le monde ?

Son sang descendra lentement sur son corps blême. Ses yeux chercheront à la fois son Père et nos âmes.

Qu'auront-elles compris, nos âmes, à cette tragédie ?

Elles n'auront ni frémi ni pleuré.

Elles n'auront même pas pensé.

Même pas vu.

Le Christ meut bien seul. Tout seul.

*

*   *

Les âmes dorment, ou sont stériles, ou se sont suicidées, alors que c'est pour les tirer de la torpeur, de la boue, de la mort que ce corps pend entre ciel et terre dans la douleur.

La détresse de ce cœur lance en vain les cris de désespoir qui devraient glacer le monde et arrêter le souffle des hommes.

*

*   *

C'est pourtant à cause de son étouffement spirituel que déchoit le monde.

C'est d'espérance, de charité, de justice, d'humilité que le monde a besoin pour retrouver un peu d'air.

Cette vie spirituelle, nous en avons reçu le dépôt.

Nous en sommes les porteurs.

Et nos mains sont ballantes. Et nos yeux sont secs. Et nos lèvres ne tremblent point de ferveur et d'émoi.

Nos cœurs sont pareils au sable sec.

Nos âmes sont au point mort où elles sont mortes.

*

*   *

La foi ne vaut qu'en tant qu'elle conquiert, l'amour qu'en tant qu'il brûle, la charité qu'en tant qu'elle sauve.

XIII

PERSONNE

Un palmier tremble. Le sable glisse entre les doigts bronzés d'un enfant. Des agnelets marqués de sang se cognent à petits coups de front têtu. Des ânes minuscules, l'œil mouillé, déboulent de la colline. Le paysage de Pâques est net, brillant. L'air est encore frais. Des marguerites s'éparpillent sur le coteau.

Pourquoi le Christ souffre-t-il à nouveau la plus déchirante des agonies en ces jours où des brassées de mimosas ensoleillent le tournant des routes ?

Ces routes-là, claires et tièdes, le ramènent chaque année, douloureux et muet, vers les clous et les épines, vers le sang et vers les crachats.

*

* *

Seigneur, nous vous suivons dans ce cortège poussiéreux, mêlés à ces pêcheurs rudes et lâches qui vous aimaient, mais qui vous aimaient comme nous : *avec mesure*, comme si la mesure n'était pas une insulte à votre amour.

Nous sommes près d'eux, pas plus mauvais que d'autres, l'œil rayonnant parfois de la joie de vous servir. Nous écartons les intrus, nous agitons des palmes, nous croyons être tout près de votre cœur : tout cela nous donne une trop bonne opinion de nous-mêmes.

Dans vos yeux tristes, c'est notre vanité que nous projetons.

Et à l'heure de l'agonie, parce que notre anneau d'amour n'était qu'un fil, nous resterons loin de vos blessures, de vos sueurs de sang et de ce grand cri glacé qui va transpercer la terre.

*

* *

Seigneur, nous revenons près de vos pieds bleuis. Nous serrons ce bois de la Croix entre nos bras qui tremblent.

Comment oser lever les yeux vers votre tête en sang ?

Nous n'osons faire autre chose que de vous tendre nos cœurs consternés.

Il eut été si doux de vous donner nos âmes dans un élan total, d'être avec vous depuis le Jardin des Oliviers jusqu'à ce monticule où vous restez inerte dans le vent du soir. Nous n'avons même pas eu le sort du Bon Larron, de celui-là qui vous aima le dernier, qui vous lança ce regard éperdu qui plongeait dans le ciel...

Nous subissons l'accablement de nos faiblesses, de nos lâchetés, de nos tiédeurs.

Seigneur, vous nous apportiez l'essentiel et l'éternel, le pain et le breuvage, le souffle et le soleil.

Vous animiez nos cœurs, vous nous donniez la force. Nous eussions dû bondir, légers, le cœur en fête, libérés à tout jamais de tout lien, de tout regret, de tout autre espoir. Nous sommes restés peureux dans l'ombre d'une porte ou sous un olivier brillant. Vous passiez écrasé et accablé d'insultes. Ah ! mon Dieu ! En ces minutes de douleur et de salut nous n'avons point saisi la Croix, nous n'avons pas baisé vos plaies et vos épines, mis en fuite vos bourreaux, brisé leurs fouets, écrasé leurs injures. Nous n'avons pas su aimer.

À l'heure du don total nos cœurs étaient sans vie.

Mon Dieu, vous êtes là abandonné de tous, muet et triste, les membres raidis. Il n'y a eu personne, personne.

Nous serrons le bois de la mort et nous laissons, sans relever la tête, s'écraser à vos pieds la défaite de nos cœurs...

*

* *

Vous reviendrez dans la lumière, Seigneur. À cette heure-là, ayez pitié des âmes détruites ! Ayez pitié des âmes vides !

Nous souffrons tellement de nous sentir si mesquins et si vils, si imbus de nous-mêmes, si préoccupés de nos égoïsmes, de nos ambitions, de nos vanités...

Nous vous avons laissé souffrir, nous avons vu couler votre sang, planter votre croix, s'éteindre votre visage. Oserons-nous jamais regarder en face vos plaies ouvertes et vos yeux las ?

Seigneur, l'heure est proche, votre lumière va brusquement éclater sur la colline. Nous serons là quand même, honteux et tristes. Brûlez nos cœurs de votre douceur fulgurante, donnez-nous la chaleur et la pureté de ce feu divin d'où vous allez jaillir.

Nous sommes accablés au seuil de votre tombeau.

Seigneur, faites fleurir en nos âmes vaincues l'étincelle de la résurrection !

XIV

AVOIR MAL AIMÉ

Dans le ciel glacé, d'un or pâle, frémissait une alouette.

À quoi pensait-elle là-haut ?

Elle vibrait, elle poussait des cris stridents, pâmée à chaque seconde, s'accrochant au ciel par un battement d'ailes qui passait comme un éclair.

Elle aimait pour aimer, jusqu'au moment où rompue, brisée de bonheur, elle s'abattit comme un caillou dans un sillon.

L'âme monte ainsi en flèche.

Elle crie d'amour. Elle ne reste suspendue dans l'immensité mystique que par le prodige d'ailes invisibles qui la soutiennent.

Elle ne sait même plus qu'elle peut tomber, que le sol est sous elle ; elle est là, détachée de tout, vie frémissante, palpitante, comme aspirée !

L'alouette pâmée sur la terre chaude doit, elle aussi, ressentir cette grande joie de l'amour comblé.

L'âme est pantelante. Mais tout cet amour revient encore en vagues dans l'être rompu par l'effort, le don et la joie.

*

*   *

Le grand drame du péché, ce qui fait tellement souffrir, c'est qu'à cause de lui on donnera moins désormais, ou on donnera mal, ne pouvant plus offrir que des restes, des restes flétris, aux relents de souillure indélébile.

Or aimer c'est donner. Et donner c'est tout donner.

Le châtiment de la chute, c'est la douleur d'avoir piétiné son amour, d'avoir réduit les possibilités futures de bien aimer.

*

*   *

On voudrait alors arracher son corps, ses mains, ses yeux, les forces qui palpitèrent en soi aux heures de faiblesse ou d'abjection.

Trop tard : on a mal aimé.

On voudrait pleurer toutes ses larmes. On aura beau faire, on ne reprendra plus ce qui fut gâché. Le jour de la chute, malgré le repentir et la rémission, restera le trou noir dans lequel des biens indicibles sombrèrent pour toujours.

*

*   *

On pourra aimer, par la suite, aussi ardemment qu'on le voudra, on ne recréera pas la pureté disparue ni la plus belle part d'amour qui fut alors annihilée. Cet amour aurait pu venir *en plus*.

*

*   *

Ce qu'on essaiera d'offrir encore à l'heure où l'Amour véritable surgira, portera, quoiqu'on fasse, la terrible marque.

C'est pour cela qu'avoir profané son don de soi fait souffrir jusqu'à la fin de la vie le cœur qui a la nostalgie de l'Absolu.

On voudrait être Dieu soi-même pour reprendre ce jour où ces temps, leur rendre la fraîcheur de l'aube et les garder contre son cœur avec crainte jusqu'à la nuit...

Dès le premier accroc, nous savons que nous n'aimerons plus jamais autant que nous aurions pu le faire. Et c'est ce qui rend si déchirant — parce que sans solution humaine — le repentir.

*

* *

Quand on a connu cette douleur de l'irréparable, on voudrait dépasser les possibilités de son cœur, pour que quelques étoiles d'amour, arrachées au maximum, puissent compenser ce qui tomba dans les marais et dans les ombres.

*

* *

Sans doute est-ce cela que donne le baiser de l'agonie : la paix, la paix qui met fin aux regrets, au désespoir d'avoir mal aimé, d'avoir trop peu aimé, ou d'avoir sali et profané l'amour que nous avions pourtant rêvé d'abord de donner avec un cœur vif et un corps frais, et que nous laissâmes rouler dans la boue des abîmes...

QUATRIÈME PARTIE

LA JOIE DES HOMMES

XV

FORTS ET DURS

Le soleil est parti. Dans une demi-heure ce sera l'ombre.

Les oiseaux le devinent, qui chantent éperdument dans les jardins.

Il y a partout des roses, tellement gavées de lumière qu'elles vont mourir.

Le bois, déjà, dort autour de quelques toits de tuiles.

Et toujours les oiseaux recommencent à lancer leurs cris pointus et leurs implorations, sans doute pour les deux amoureux assis là-bas, rêveurs, avec un immense chapeau blanc sur leurs genoux…

*

* *

Qui vit encore, à part ces oiseaux, ce chien qui aboie au bout du monde et que ces deux cœurs qui battent devant le calme de ce soir, lourd de la vibration de juin ?

Comment croire à la haine ? Les hommes n'ont donc jamais regardé les dernières roses s'éteindre dans le silence léger d'un soir ?

*

* *

Il faudra s'arracher tout à l'heure à cette vaste mer champêtre.

Il faudra reprendre au bout des sentiers la route où les voitures arrachent le sol avec un crépitement de pluie tenace.

Il y aura des lumières brutales, des visages vidés, des yeux sans âmes.

Ce paysage du soir est si net, il se livre avec un don si total ! Ces roses mourantes, ces bouquets d'arbres, ces avoines aux ondoiements gris, ces sapins graves, sont si purs et si simples que toute une enfance remonte en nos êtres, près de cette enfance éternelle des herbes, des arbres et des fleurs.

On n'entend plus rien maintenant.

La nuit lisse les roses.

Les bois découpent leur liseré noir dans les lueurs mourantes. Le dernier oiseau qui chantait s'arrête lui aussi de temps en temps, comme pour écouter le silence. Les deux amoureux ont disparu, les mains tremblantes, le vent léger dans les cheveux.

Je devrai bien me redresser.

J'avancerai lentement, sans troubler les branchages et la vie immense qui se glisse à travers les ombres. Je devinerai le contour des choses. Je sentirai fleurir déjà au bout des herbes la rosée qui rafraîchira demain le soleil lorsqu'il aura gravi le sommet du bois.

Où est-elle la nuit des cœurs d'où rejaillirait le matin sensible ?

*

Il nous faudra renouer nos mélancolies, reprendre nos pas d'homme des champs et des bois perdu parmi les cœurs stériles.

Qui comprendra tout à l'heure, dans les lueurs brutales, devant nos yeux tremblants, que nous venons de quitter les forêts et les blés, l'ombre et le silence ?...

Mais pourquoi s'attendrir ? Au bout des sentiers nous guette la vie cruelle qui happe tout, à coups de dents de loup.

Ne regardons plus rien, ne pensons plus, ne respirons plus cet air chargé des parfums de mort passagère...

Éteignons tout. Laissons la nuit ronger les cœurs.

Demain, quand le jour rejoindra la crête des arbres, nous n'aurons plus devant nous que les horizons fermés des hommes.

Nous devrons être forts et durs, joyeux à travers tout du soleil de nos âmes.

Soir qui meurt, muet et si sûr de l'aube, donne-nous la paix des lumières qui renaissent après l'immense renouveau des nuits propices...

XVI

LE PRIX DE LA VIE

Il faut redire sans cesse le prix de la vie. Elle est l'admirable instrument mis dans nos mains pour forger nos volontés, élever nos consciences, bâtir une œuvre de raison et de cœur.

La vie n'est pas une forme de tristesse mais la joie faite chair.

Joie d'être utile.

Joie de dompter ce qui pourrait nous salir ou nous amoindrir.

Joie d'agir et de se donner.

Joie d'aimer tout ce qui frémit, esprit et matière, parce que tout, sous la poussée d'une vie droite, élève, allège, au lieu de peser.

*
*　　*

Il faut aimer la vie.

On est tout près, parfois, aux heures de lassitude et de dégoût, de douter d'elle.

Il faut se ressaisir, se redresser.

Trop d'hommes sont vils ? Mais, à côté de ceux dont la bassesse est un blasphème à la vie, il y a tous ceux qu'on voit, ou qu'on ne voit pas, qui sauvent le monde et l'honneur de vivre.

XVII

DÉPOUILLEMENT

Le bonheur « parce qu'on ne sait pas » n'est pas flatteur.

C'est une espèce de bonheur étroitement végétatif.

L'intelligence n'y est pour rien, ni non plus le cœur.

Le vrai bonheur, le bonheur digne de l'homme, celui qui élève, c'est le bonheur assuré par l'esprit, c'est celui qui est né du dépouillement de l'âme, du renoncement de l'âme, en pleine conscience des plaisirs humains, offerts ou refusés par les circonstances.

*

* *

Est heureux celui qui n'est pas l'esclave des circonstances, celui qui sait aussi bien jouir du plaisir extérieur que s'en passer.

Tant qu'on souffre d'une privation de cet ordre-là, tant qu'on souffre en comparant son sort matériel à celui des autres, on n'est ni heureux ni libre.

*

* *

Rester d'une humeur égale, même avec une sorte de dégagement de l'âme quand l'univers extérieur ne forme plus qu'un vide immense, vivre intensément dans cette « absence matérielle », se sentir alors sans regret, maître de ses désirs, les avoir pliés à la domination plénière de l'esprit marque la victoire de l'homme, la vraie, la seule, à côté de laquelle les conquêtes où tout le monde à l'avance capitule et est prêt à déchoir ne sont que des caricatures de puissance.

*

* *

Toute comparaison paraît alors risible, à côté de la libération apportée par la maîtrise de l'esprit sur les biens, les besoins et les esclavages.

Nous nous sentons l'âme dégagée des vieilles chaînes rouillées qui nous rivaient à de médiocres conformismes.

Nous serrons dans nos mains le Destin, le Destin clairement découvert dans sa nudité libératrice.

*

* *

Le bonheur peut naître partout. Il n'est pas au-dehors, il est au-dedans de chacun de nous, avec les plus complètes possibilités.

XVIII

PUISSANCE DE LA JOIE

Il est tant d'éléments qui rendent heureux !

Même à se sentir libre et fort en face de ses désirs on est heureux.

*

* *

La joie de vivre, à elle seule, est tellement puissante !

Joie d'avoir un cœur qui irradie !

Joie d'avoir un cœur robuste, des bras et des jambes durs comme des arbres, des poumons qui brassent la vie et l'air !

Joie d'avoir des yeux qui prennent dans leurs courbes de velours les couleurs et les formes !

Joie de penser, de passer à heures à tracer les grandes lignes droites de la raison ou à festonner des rêves !

Joie de croire, joie d'aimer, de se donner, d'avancer à grands coups de rames dans la vie, souple comme l'eau !

*

* *

Comment ne pas être heureux !

C'est tellement simple, tellement élémentaire, tellement naturel !

À travers les pires calamités, le bonheur rejaillit toujours comme un geyser sur lequel on accumulerait en vain les obstacles.

Le bonheur et la vie, c'est la même chose.

*

* *

Ne plus être heureux, c'est douter de son corps, de la chaleur de son sang, du feu dévorant de son cœur, de ces grandes lumières de l'esprit qui baignent tout l'être.

*

* *

Même le malheur nous apporte encore les joies de l'âme qui se donne en saignant, qui pèse son sacrifice et qui en analyse l'amertume.

Joie cruelle, mais joie supérieure, joie réservée à l'homme dont le cœur déchiré comprend.

XIX

RÊVER, PENSER

Les heures de rêves sont des heures de vie profonde, où toute la poésie qui flotte en nous se ramasse et court en feux-follets.

Puis le soleil vient.

Les brouillards neigeux redescendent comme si la rivière les appelait. On ne voit plus que la grande épée de l'eau claire. Et la raison ordonne, assemble les découvertes éparses, jaillies du rêve, les marques de sa domination en les unifiant.

Joie de trouver, de comparer ! Joie de donner un sens et une direction ! Joie de comprendre et d'aboutir aux coteaux ou aux sommets du vrai, du beau et de l'utile !

*

* *

L'esprit ouvre les lignes claires des parallèles, en dégage les lois. L'homme se sent à ce moment-là supérieur à tous les éléments, maître de cet univers démesuré où pourtant des cervelles pas plus grosses qu'un fruit ou un oiseau imposent l'ordre et l'harmonie.

*

* *

Celui qui ne sait pas jouir des possibilités de rêver et de penser, offertes à chaque seconde à l'homme, ignore la noblesse de la vie.

On peut toujours s'enchanter car les rêves sont nos violoncelles secrets.

On peut toujours penser c'est-à-dire avoir l'esprit non seulement occupé mais vibrant, tendu vers une domination plus puissante, plus exaltante que le feu de mille désirs.

*

*   *

S'ennuyer, c'est renoncer au rêve et à l'esprit.

*

*   *

L'ennui, c'est la maladie des âmes et des cerveaux vides. La vie devient vite alors une corvée horriblement terne.

*

*   *

L'amour lui-même ne s'exalte et ne s'émerveille que dans la mesure où l'être supérieur nourrit la poésie, fortifie les élans de la sensibilité.

Il faut aussi rêver et penser son amour.

XX

LA PATIENCE

La patience est la première des victoires, la victoire sur soi-même, sur ses nerfs, sur sa susceptibilité.

Tant que l'on ne l'a pas acquise, la vie n'est qu'une cascade de capitulations, capitulations dans le fracas, certes, dans des cris qu'on croit des manifestations d'autorité mais qui ne sont qu'abdication devant l'orgueil.

*

* *

Être patient, c'est attendre son heure, le doigt à la gâchette, comme on guette la proie ; c'est ne bâtir chaque acte du jour que dans l'ordre et l'équilibre, gros moellons qui soutiennent l'édifice.

*

* *

La patience donne la joie de n'avoir pas cédé.

L'impatience laisse au cœur le reproche de s'être laissé déporter et d'avoir créé autour de soi une agitation vaine et mauvaise.

XXI

L'OBÉISSANCE

Nulle œuvre d'envergure ne s'accomplit dans l'égoïsme et dans l'orgueil.

Obéir est une joie parce que c'est une forme du don, du don clairvoyant.

Obéir est fécond, décuple le résultat des efforts.

Obéir est un devoir, car le bien commun dépend de la conjonction disciplinée des énergies.

La société humaine n'est pas formée par une nuée de moustiques acharnés et fantaisistes, fonçant dans le vent selon leur intérêt et leur humeur. Elle est un grand complexe sensible que l'anarchie rend stérile ou dangereux, auquel l'ordre, l'harmonie donnent des possibilités illimitées.

Un peuple riche, composé de millions d'individus, mais égoïstement isolés, est un peuple-mort.

Un peuple pauvre où chacun reconnaît intelligemment ses limites et ses obligations communautaires, obéit et travaille en équipe, est un peuple-vie.

*

* *

L'obéissance est la forme la plus élevée de l'usage de la liberté.

Elle est une manifestation constante d'autorité, l'autorité sur soi, la plus difficile de toutes.

*

* *

Nul n'est vraiment capable de diriger autrui s'il n'a pas été d'abord capable de se diriger personnellement, de dompter en lui le coursier orgueilleux qui eût désiré se jeter follement au vent de l'aventure.

*

* *

Après avoir obéi on peut commander, non pour jouir brutalement du droit d'écraser les autres mais parce que le commandement est une prérogative magnifique quand elle vise à discipliner des forces piaffantes, à les conduire à la plénitude du rendement, source supérieure de la joie.

XXII

LA BONTÉ

Un mot parfois, un seul, un geste affectueux, un regard plein d'amitié sincère peuvent sauver un homme au bord des abîmes.

Par l'affection et par l'exemple on peut tout.

Crier, tempêter conduit rarement au fond des problèmes.

Il faut être bon, deviner ce qui se passe parmi le brouillard de chaque cœur, tempérer le reproche nécessaire par une boutade amicale qui rend de l'espérance, toujours se mettre dans la peau de l'autre, dans l'âme de l'autre, penser à sa réaction personnelle si on recevait l'observation, l'encouragement, la réprimande, au lieu de l'adresser à autrui.

*

* *

La plupart des hommes sont de grands enfants, assez vicieux mais restés sensibles, tendus vers l'affection.

Il n'y a pas trente-six routes pour les guider, il n'y en a qu'une : celle du cœur.

Les autres routes paraissent parfois plus faciles à emprunter mais finalement elles ne conduisent nulle part.

XXIII

BEATA SOLITUDO

La compagnie n'est, la plupart du temps, que de l'agitation, du bruit, du trouble autour de sa propre solitude.

*

* *

Rechercher sans cesse ce que l'on appelle l'animation, c'est avoir peur de se trouver en présence de soi-même.

C'est, en réalité, prendre, moralement, la fuite.

*

* *

Comment peut-on confondre la joie et le fait d'être mêlé sans cesse à la cohue tumultueuse ?

Pourquoi doit-on absolument être englouti parmi d'autres êtres pour se croire heureux ?

On n'est en contact alors qu'avec l'écorce des autres, on ne jouit que de leurs attitudes artificielles ou superficielles.

Cela peut donner évidemment de la distraction, un plaisir passager, une espèce de bouffée de vent.

Mais quelle marge entre ce « plaisir » sans profondeur et la joie profonde, essentielle, de la conversation avec soi-même, de l'analyse de ses pensées intimes et de sa sensibilité la plus secrète !

Là on voit tout, on va jusqu'au fond de tout.

Nier la puissance, l'ampleur de cette vraie joie, c'est nier la vie intérieure.

*

* *

La solitude est pour l'âme une occasion magnifique de se connaître, de se surveiller, de se former.

Seules les têtes vides ou les cœurs inconstants ont peur de demeurer, dans le silence, en face d'eux-mêmes.

C'est à des moments pareils qu'on voit si les sentiments sont solides ou s'ils n'étaient que du bruit.

Les hauts sentiments peuvent vivre seuls, sans présence physique ; au contraire l'isolement les purifie et les grandit.

*

* *

La joie, la joie qui s'étend comme un bloc de granit sous l'eau de la vie qui coule, celle-là qui n'abandonne et ne déçoit jamais réside dans la lutte intérieure, dans l'exaltation intérieure : se surveiller, se dominer, se purifier, s'élever, avoir le courage de penser.

*

* *

Car il est tellement simple d'être paresseux ou lâche devant le travail spirituel !

Avoir l'énergie d'élargir ses champs secrets ! Aimer intensément, c'est-à-dire se donner silencieusement, sans réticences !

On préfère oublier ou nier que ces joies fondamentales existent, pour se contenter de jouissances immédiates qu'on croit supérieures à tout, et après lesquelles on n'a rien, bien souvent, sinon de la poussière au cœur et des flétrissures aux ailes.

*

* *

Les mystiques ont connu cet effort constant de la vie intérieure.

Étaient-ils moins heureux, ont-ils eu moins de joie que nous qui jacassons, mêlés à des visages où nous ne découvrons que des apparences, nourris de paroles qui meurent avec l'écho ?

La joie des mystiques n'est qu'un exemple.

La même joie intérieure existe aux autres stades de la spiritualité et de la sensibilité.

*

* *

La présence corporelle n'est même pas du tout indispensable.

On peut parfaitement aimer, être possédés par les joies les plus hautes du cœur dans l'éloignement physique et même dans la mort.

*

* *

Tant qu'on ne s'est pas une bonne fois dégagé des éléments extérieurs, tant qu'on n'a pas été capable de vivre seul c'est-à-dire dans la compagnie la plus réelle, que rien ne trouble, on n'a pas encore atteint le seuil même de la joie.

*

* *

Au lieu de se plaindre de la solitude, il faut la bénir, il faut profiter de cette possibilité inespérée de s'examiner en silence et de se dominer lucidement, totalement, jusque dans ses pensées les plus contradictoires.

*

* *

Portes fermés au monde ? Rupture délibérée de contact avec l'extérieur ?

Tant mieux !

Car cela signifie, si on le veut : portes ouvertes sur l'âme, contact exact avec son moi ; joies exaltantes de la connaissance, de l'épanouissement spirituel et, mystiquement, du don le plus délicat et le plus complet.

XXIV

GRANDEUR

C'est souvent en faisant, avec un maximum de noblesse, mille petites choses harassantes qu'on est grand. Il est infiniment plus difficile de tendre son âme mille fois, chaque jour, à propos de servitudes sans relief, que de donner une impulsion brillante à l'occasion d'un évènement qui fait image.

Le mérite est mince alors.

L'ampleur de l'occasion passagère donne à elle seule la force d'agir, le désir d'étonner, tout en nous permettant d'avoir la plus haute opinion de nous-mêmes.

*

* *

On peut réussir à merveille une grande chose et être loin de la véritable grandeur.

La grandeur c'est la noblesse de l'âme s'usant, ruisselante de don, à propos de chacun de nos devoirs, surtout lorsqu'ils sont dépouillés de tout ce qui pourrait nourrir notre vanité quotidienne.

*

* *

Pour la femme comme pour l'homme.

La grandeur, pour une femme, c'est, souvent, de se donner heure par heure à des devoirs sans éclat, voire même prosaïques.

Pourtant, qui l'admirera ?

Qui connaîtra les mille combats livrés, au fond de son cœur, à la paresse, à l'orgueil, aux passions chantantes, à la mollesse qui appelle l'âme et le corps vers les sables chauds de la vie facile ?

Celle qui malgré tout cela avance, résiste, progresse, est grande puisque le don d'elle-même a été total, sans avoir eu besoin de l'appel des mirages.

*

* *

Tant de gens comblés se plaignent toujours, trouvent tout désagréable, ne savent jamais se réjouir franchement de rien !

Tout leur paraît ennuyeux parce qu'ils ne se donnent jamais, parce qu'ils abordent chaque instant où il faudrait tendre un peu d'eux-mêmes avec l'intention bien arrêtée de ne livrer que l'indispensable, et, encore, avec des regrets.

*

* *

Tout est une question de don.

Les gens heureux sont ceux qui se donnent. Les insatisfaits sont ceux qui étranglent leur existence par une perpétuelle rétractation, se demandant sans cesse ce qu'ils vont perdre.

*

* *

Vertu, grandeur, bonheur, tout tourne autour de cela : se donner ! Se donner complètement, tout le temps. Faire ce qu'on doit faire, bravement, avec un maximum d'application, même si l'objet du devoir est sans grandeur apparente.

Où qu'on soit, en haut ou en bas, homme ou femme, le problème est exactement le même : c'est le don qui fait les âmes claires ou les âmes troubles.

CINQUIÈME PARTIE

LE SERVICE DES HOMMES (NOTES DU FRONT RUSSE)

XXV

LA GRANDE RETRAITE

Mourir vingt ans plus tôt ou vingt ans plus tard importe peu.

Ce qui importe, c'est de bien mourir.

Alors seulement commence la vie...

*

* *

Simple soldat, je peux mourir demain. L'humilité de mon sort dans la vie du front me prépare mieux à un tel dénouement. N'ayant pas vécu en saint, je voudrais mourir avec une âme à peu près convenable.

Peut-être les semaines me sont-elles comptées ? Aussi faut-il multiplier les occasions de se purifier.

J'avais jadis rêvé d'une longue maladie pour me préparer à la mort. Mais c'eut été dans une atmosphère de consomption.

Ici, c'est dans la puissance, dans l'épanouissement de la volonté que cette préparation est offerte.

Je me rends compte de ma chance.

Mais peut-être reviendrai-je vivant, plus vivant que jamais ?

De toute façon, cette grande retraite, que la vie ou la mort clôturera, aura été une bénédiction.

J'en jouis librement, pleinement, comme d'un soleil nourricier et magnifique.

Pourquoi tremblerais-je sous ses feux ?...

*

* *

Le soldat apprend à être grand parmi les choses les plus terre-à-terre ou les plus pénibles.

L'héroïsme c'est de tenir, de lutter, d'être toujours alerte, joyeux et fort, dans la misère sans nom et sans histoire du front, dans la boue, les excréments, les cadavres, les brouillards d'eau et de neige, les champs interminables et sans couleurs, l'absence totale de joie extérieure.

*

* *

Nous nous éloignons un peu plus chaque jour des mondes de jadis.

Ne sommes-nous pas déjà demi-morts qui avançons, en serrant les dents, à travers les brumes ?

*

* *

Il faut toujours regarder ceux qui ont moins que soi et se réjouir de ce qu'on a, sans se remplir l'esprit de chimères vacillantes.

La vie est toujours belle quand on la regarde avec des yeux paisibles, lumière d'une âme en paix.

Soldats, nous n'avons rien et nous sommes heureux.

Il faut d'abord se dépouiller de tout le fatras des esclavages pour enfin trouver la joie qui ne fleurit que dans les âmes nues.

*

* *

La guerre, ce n'est pas seulement le combat. C'est surtout une longue suite, parfois harassante, parfois lassante, de renoncements silencieux, de sacrifices quotidiens, sans relief.

Partout la vertu se forge de la même manière.

*

* *

Les privations, l'attente humble, ingrate, face à la mort, le service où, loin de tout éclat, on joue sa vie dans des champs et dans des bosquets inconnus, la stagnation en dehors de toute joie humaine, telle est la vraie guerre, celle que font des millions d'hommes qui ne connaîtront jamais la gloire tapageuse et qui — s'ils ne meurent pas — rentreront chez eux le visage fermé, les lèvres closes, car on ne comprendrait pas tout ce qu'il y eut de déchirements et de renoncements dans leur héroïsme obscur.

La foule n'est frappée par l'héroïsme que lorsqu'il est brillant et bruyant. Ce qui impressionne le public, c'est l'éclat, et non la pénible et lente ascension des âmes qui accèdent dans le silence et dans l'ombre à la grandeur.

*

* *

Mais est-on jamais compris ? Entend-on, voit-on autre chose en nous que le superficiel ?

Le fond des cœurs est un tel abîme de désirs, de reniements, de chagrins qu'on préfère ne pas l'aborder. Il est plus simple, plus agréable de s'en tenir au décor des choses et, sans trop penser, de jouir des mots et des attitudes qui tissent le paravent du drame humain.

Nous sommes, nous soldats, derrière le paravent. Quelles âmes imagineront nos cheminements, auront la force de nous rejoindre spirituellement ?

*

* *

Le zèle, l'intelligence même, ne peuvent suffire à tout.

Il y a une culture, un équilibre de l'esprit, une sagesse ensoleillée de la pensée, qui ne peuvent être le résultat que d'une longue discipline des facultés supérieures, mises avec application et avec méthode au contact des œuvres les plus dépouillées de l'intelligence humaine.

L'étude désintéressée des civilisations anciennes, mères des idées et des systèmes, l'étude de la Philosophie, l'étude des Mathématiques, trame secrète de tous les Arts, l'étude comparée des leçons de l'Histoire, peuvent seules donner l'harmonie plénière des facultés, sans laquelle les plus éblouissantes réussites ont toujours un caractère de miracle et de fragilité.

La maturité intellectuelle n'a rien d'inconciliable avec le génie. Elle le rend exact et humain. Et elle le canalise. Sa force n'en sort point diminuée, mais plus utile. Richelieu n'eut pas donné à la France la moitié des bienfaits de son génie s'il eut été un autodidacte.

La faiblesse de notre siècle, c'est qu'il est le siècle des autodidactes. Leur œuvre a un caractère désordonné, inhumain, instable. Le vrai génie est équilibré, du moins le génie bienfaisant, qui apporte du bonheur, du progrès et de l'ordre.

Le génie instinctif émerveille, éblouit, mais généralement coûte cher.

La nuit paraît plus sombre encore après avoir absorbé le feu d'artifice.

*

* *

Le banal et le vulgaire sont voisins du grandiose et de l'éternel.

Tantôt j'ai regardé tuer un cochon. Il tenait à la vie, le pauvre. Presque exsangue, il hoquetait et gémissait encore. Bêtes et hommes, devant la mort, nous sommes les mêmes. Il faut rudement se surveiller pour se composer un courage qui nous libère des appels de la bête aux abois aux heures où se joue notre honneur d'hommes.

*

* *

Soldats, nous risquons notre peau sans cesse, c'est-à-dire notre joie toute simple d'exister.

La mort est en face. La mort est partout. Et c'est sans doute pour cela que nous comprenons mieux que d'autres la grandeur de la vie.

Si l'âme ne s'élevait pas, droite comme le canon des fusils, droite comme la croix des tombes, nous sombrerions vite dans la décomposition morale.

Tout est limité à un bois, à des champs, à des marais, à des arbres dépouillés, près desquels on est à l'affût, le jour, la nuit, soufflant dans ses doigts, frottant ses oreilles, battant du pied le sol devenu sec comme du granit, après avoir été une mer de boue dans laquelle on s'enlisait.

Le soir, dès quatre heures, c'est l'ombre dans laquelle, seul, l'esprit veille. Il faut serrer les liens qui retiennent le cœur pour ne pas se laisser aller aux larmes devant un tel gouffre. L'âme se trouve devant un abandon total.

Et pourtant, elle est fière et elle chante, car, dépouillée comme aux jours de l'innocence, elle a conscience de la gravité de la mission offerte à ceux qui rachèteront, dans des abîmes de solitude intérieure, les lâchetés et les saletés d'un temps où les âmes tournaient à vide.

Ici, les ailes se remettent à battre, secouent la boue séchée qui les salissait. Elles retrouvent la joie l'originelle de l'air pur, de l'espace ouvert, des lignes lointaines.

*

* *

Si nous avons, ici, utilement souffert, nous aurons remporté notre vraie victoire.

Mais saurons-nous souffrir purement jusqu'au bout ?

Ne nous sentirons-nous pas ridicules, avec nos ailes de soleil, au retour ?

Aurons-nous le courage de ne pas être honteux en entendant alors les ricanements innombrables des âmes salies et qui, insolemment, se croient triomphantes ?

XXVI

DOMPTER LES CAVALES

Les puces ont envahi en rangs serrés nos uniformes terreux. Des souris courottent. Un rat se chauffe contre mon nez aux heures de sommeil.

Ces compagnonnages nous édifient fort sur la vanité de notre orgueil, nous qui ne pouvons même pas échapper aux plus petites des bêtes, les plus ridicules et les plus sales.

*

* *

Mais la poésie est partout. Devant nos fusils, des milliers de passereaux sautillent dans les haies, en faisant gentiment danser leur ventre rond. Ils écoutent, à un mètre, les petits compliments que nous essayons de leur musarder. Puis ils s'installent en bandes folles dans les joncs, ils crient, pépient, sifflent, comme si le ciel d'argent jetait des poignées de joie claire sur le paysage de gel.

Il y a aussi des corbeaux qui passent, éclairs noirs, peu nombreux et muets : de temps en temps ils lancent leur grand cri rauque, sans doute pour rappeler que la mort nous guette, âpre comme eux, vorace comme eux, l'aile sombre et coupante.

Nous nous efforçons de toujours sourire, aux passereaux qui chantent, aux corbeaux solennels qui passent.

Mais le cœur est le cœur ; et il a, derrière le sourire des lèvres et des yeux, ses pauvres secrets maladroits de bête souffrante.

*

* *

On se sent guetté de tous côtés par la mort. Chaque pas coûte, pas lourd qu'il faut rendre léger, malgré la mitrailleuse qui pèse, les pieds qui trébuchent, les récoltes pourries qui crissent, les grands trous dans lesquels on tombe sans un mot.

La voilà, la vie ingrate des armes, celle qui ne connaît ni griserie ni spectateurs, celle où, n'importe quand, on peut être poignardé, abattu, traîné vivant chez les ennemis d'en face. Il faut calmement avancer, mètre par mètre, alors que le tir peut brusquement éclater à dix pas. Quelques coups dans le noir, entre les postes ; un cri rauque ; et la nuit roulerait à nouveau, fermée, glacée, implacable.

Toutes les forces de vie voudraient s'insurger à ces moments-là. Car on tient à sa vie, à ses membres, au sang qui bat puissamment dans son corps ; on tient à des êtres de chair ; on tient à la lumière qui doit renaître. La vigueur, la chaleur, le grondement de la bête humaine crient leur volonté de se déployer, de brûler, de retentir.

*

* *

Tenir sa vie ainsi repliée, matée, offerte dans l'ombre, prête au dernier bondissement ou au dernier râle, est une terrible école d'énergie. Nous rentrerons avec des volontés bandées.

Mais le goût de la vie sera encore plus fort, car nous aurons connu intensément le prix, la saveur, la douceur brûlante de chaque seconde, tombant comme une goutte de silence dans cette grande crispation des cœurs attentifs.

Nous aimons, avec une puissance déchaînée, notre existence charnelle, le rythme de nos pensées, l'élan de nos sens, qu'un coup clair dans la nuit pourrait briser.

Nos bras! Nos jambes! Nos yeux! Pour enserrer, franchir, regarder avec passion et domination!

Tout cela crie son droit à la vie, droit de l'animal qui veut courir et saisir, droit de l'intelligence qui veut s'enchanter et créer.

La vie! Que c'est beau, indescriptiblement beau, exaltant, douceur des corps, lumière des midis, ardeur du feu!

Cette vie, nous la serrons dans nos poings volontaires de soldats muets, attentifs, patients, guetteurs de l'ombre.

Nous avons appris à nous dompter, à dompter les cavales sauvages qui hennissaient dans les vastes champs de nos rêves.

Mais les tenant en main d'une poigne d'acier, nous humons avec une volupté qui nous fait fermer les yeux la puissante odeur de vie qui fume au-dessus de l'attelage frémissant. Vie! Vie!

*

* *

Il fait froid au point que les médicaments éclatent. L'alcool même a gelé dans les flacons de l'ambulance. Pauvres pieds, pauvres oreilles, pauvres nez blanchis, puis momifiés dans les nuits atroces, hurlantes, sifflantes...

Ce matin, l'ordre du départ pour un autre secteur de combat est arrivé.

Nous irons où on nous dira d'aller, souriants dans la neige qui, depuis notre réveil, tombe à gros flocons lents.

Nos pieds seront transis, nos lèvres seront gercées, nos corps, pliés pour avoir moins froid, seront lourds et gauches, mais le feu intérieur continuera à monter et donnera à nos yeux des lueurs de soleil.

*

* *

Ici nos âmes se sont tendues. Ces mamelons, ces files de sapins, ces meules pourries nous ont vus, l'œil brillant, guettant chaque ligne.

Ce ciel noir que je contemple ici pour la dernière fois, je l'ai zébré de mes balles traçantes, tandis que les balles ennemies poussaient leurs cris aigus de chats qui bondissent.

Déjà mon sac est prêt. Je regarde la paille foulée, cassée en petits morceaux où je me reposais en rentrant, fatigué et glacé, des patrouilles nocturnes. Le petit quinquet fumeux éclaire de sa flamme jaune ma dernière note quotidienne. À une corde pendent encore quelques chemises, quelques mouchoirs lavés vaille que vaille, couverts déjà de poussière. Pauvres murs de torchis, four qu'on chauffait avec des débris de cloisons, petits carreaux gelés, aux dessins blancs de fougères...

*

* *

Nous ramassons nos gamelles cabossées, nos gourdes poilues, nos armes aux éclairs noirs.

Plus tard, il y aura sans doute à nouveau ici, des plantes grasses, des icônes, une femme aux jupons épais, une âcre odeur de graisse végétale. Mais pour toujours sera morte la vie humble et grouillante

des jeunes garçons étrangers, perdus au fond de la steppe, et qui, en partant la nuit, ne savaient jamais s'ils ne rentreraient pas en contenant avec leurs mains des chairs déchirées et du sang tiède...

*

* *

Ce misérable carré de demi-lumière aura été le centre d'une intense vie spirituelle. Elle partira avec nous, renaîtra au hasard des routes gelées, des gîtes improvisés, des talus, des fossés où il aura fallu guetter, traquer l'adversaire, ou éviter ses coups.

Nous pourrons revenir ici un jour : l'essentiel aura disparu.

C'est pour cela que nous partirons à l'aube sans tourner la tête. La vie est devant, même si la vie est la mort.

*

* *

Bah ! plus le sacrifice est grand, plus on se donne.

Et c'est pour nous donner que nous nous sommes dressés, le cœur éclatant.

XXVII

LE CYCLE APOCALYPTIQUE

Le vent souffle en rafales cinglantes, faisant siffler la neige en fléchettes. La rivière est gelée ; gelés, ses petits affluents qui couraient dans les crevasses ; gelés, les collines, les chardons des talus, les usines ruinées.

Mon cœur lui-même a pris froid, froid de ces mois de tension d'âme, de repliement dans une solitude inhumaine ; froid de se sentir pareil à ces arbres noirs qui ne bougent pas et que fouette la bise.

Détresse en tout...

Chacun est transi. Nous devons casser le pain froid. Nous enlevons au couteau les énormes plaques de boue de nos vêtements. Nous coupons de grandes tranches de glu noirâtre autour de nos souliers et de nos guêtrons.

Pas d'eau. Il faut aller à trois kilomètres pour puiser un liquide brun, rempli de débris d'herbe.

Aimons notre misère quand même, puisqu'elle nous élève, nous prépare à des destins qui réclament des cœurs purs et forts.

*

*   *

Le cycle des guerres est, désormais, apocalyptique : les ondes s'élargissent de plus en plus, croissent en vitesse et en force, pour s'étendre en un mouvement giratoire fabuleux.

Les guerres sont devenues des révolutions universelles.

Le monde entier est pris dans leur tourbillon : les armes s'entrechoquent, les forces économiques s'affrontent, se déchirent, les forces de l'esprit se livrent un duel sans pitié.

L'univers devra saigner, lutter, connaître les affres des fuites, les agonies des séparations. Des milliers d'hommes, des millions d'hommes devront regarder avec des yeux glacés ou fiévreux la Mort, toujours la même, c'est-à-dire toujours cruelle, déchirant le cœur en même temps que la chair.

Ce drame était inéluctable. Seuls les aveugles et les sots, c'est-à-dire presque tout le monde, croyaient qu'il s'agissait de conflits de nations rivales, conflits qui pourraient se localiser.

Or il s'agit de guerres de pseudo-religion implacables comme toutes les guerres religion, mais qui prendront des proportions quasi illimitées, atteignant jusqu'à la dernière banquise de Tahitiens ou de Lapons, qui auront à choisir comme tout le monde.

*

* *

Quand, comment, ce prodigieux règlement de compte se clôturera-t-il ?

Nos vies seront longtemps traversées par ces éclairs. Nos enfants grandiront parmi les lueurs aveuglantes des idées-armes qui tombent ou qui triomphent.

Siècle où parfois le sang se glace devant l'ampleur du drame. Mais siècle pathétique où l'univers entier se refait, plus encore par l'esprit que par le fer.

Tragédie comme le monde n'en connut jamais de si complète, dont nous sommes tous les acteurs, mais où ce sont des cœurs qui jouent. Des millions de cœurs sont en scène, naïfs encore, ou mûris et muets, ou souillés, ou désarticulés.

*

* *

À faire cent mètres entre les lignes boueuses, on rentre rompu, comme si on avait dû traverser un étang de colle forte.

Rien à faire.

Rien à lire. Nous n'avons qu'une misérable lampe à pétrole, avec une petite flamme jaunâtre qui éclaire un mètre carré de notre abri.

Il faut plus de courage pour vivre ainsi terrés dans la boue que pour avancer sur l'ennemi, mitrailleuse sous le bras. On sent monter la tentation, les voix sourdes, les questions démoralisantes : « Que fais-tu là ? Ne vois-tu pas que tu perds ton temps ? Tes efforts ? Tes sacrifices ? Sait-on même encore que tu existes ? Ne gâche-t-on pas ton œuvre pendant que tu moisis dans l'oubli... ? »

Mais l'âme reprend vite sa sérénité ; elle sait que rien n'est plus précieux que ce renoncement, cette descente muette au fond de la conscience. La vraie victoire, la victoire sur soi-même, peut-elle mieux s'acquérir qu'au milieu de ces humiliations accueillies la tête haute, en dominant, sans geste inutile, la matière hostile, l'abandon du cœur et l'ennemi sournois qui voudrait assaillir l'esprit ?

XXVIII

LUMIÈRES

La guerre, pour nous, soldats, ce sont de pauvres compagnons aux visages presque verts qu'on enfouit dans la terre gelée, mais c'est aussi, c'est le plus souvent la souffrance obscure, sans falbalas, c'est la boue, c'est la neige, c'est le rata grossier, ce sont les pieds déchirés par les marches sans fin, ce sont les cent misères un peu honteuses qui entourent la vie du soldat au front, comme un brouillard poisseux et triste.

Cette vie à l'étouffée réclame sans arrêt l'effort de l'énergie, le sursaut de l'âme qui doit s'arracher aux brumes pour rayonner encore.

Mais cette vie n'a aucun rapport avec les idées brillantes qu'a le public au sujet des exploits guerriers.

Il ne faut pas le détromper. On lui abîmerait sa belle image aux couleurs vives.

Pourtant cette vie je l'épuise chaque jour avec une joie un peu triste mais puissante, car elle est une incomparable leçon de patience, de mortification, d'élévation.

*

* *

N'essayons pas de tricher avec l'épreuve ou d'étouffer sa voix. Si sa leçon devait être inutile, si nos âmes n'étaient pas, au retour, transfigurées par elle, il y aurait une muraille entre ceux qui ont eu peur de l'épreuve et ceux qui ont regardé, bien en face, les jours graves qui nous permettent aujourd'hui de nous grandir.

La vie distribue en série ses crocs-en-jambe. Je m'en étais évadé, comme tant d'autres, le cœur las, inquiet, rongé. Je ne veux y rentrer qu'apaisé, ayant retrouvé l'innocence dans la confiance.

*

* *

C'est Noël. Je regarde la neige qui tombe inlassablement, et, malgré sa légèreté, je sens que j'étouffe.

Des soldats passent, le dos rond, allant vite.

Autour de moi, rien ; toujours le vent qui souffle, un homme qui se ronge les ongles, d'autres qui se laissent tomber, recrus de fatigue par les nuits de guet.

Jésus aurait pu naître dans notre abri.

Candeur des braves bêtes de la Crèche qui faisaient tout ce qu'elles pouvaient...

Candeur du cœur des bergers qui n'ont pas douté une seconde, pas calculé, et qui ont, à l'instant même, tout apporté...

Ils n'avaient que des moutons, ils donnaient leurs moutons.

Qui, en se souvenant d'eux, ne reprendrait pas courage ? Ce qui compte, ce n'est pas ce qu'on donne, moutons ou millions, c'est la ferveur du cœur qui anime le don.

*

* *

Parfois la vie me semble trop harassante à porter, douloureuse même à être pensée.

Aujourd'hui c'est presque une angoisse.

Oublier qu'on a une sensibilité, une âme qui crie !

Qui nous aiderait à oublier ?

Nous avons passé la journée à tuer des douzaines de gros poux, gorgés, qui nous dévorent. C'est tout. Et l'âme doit rester haute, fière, inébranlable.

Elle le reste.

Mais de grandes voix étouffées, tout au fond, gémissent.

Nous ne sommes pas des hommes autrement bâtis que les autres. Nous aussi, nous aimerions, quand nous n'écoutons que les appels de la vie extérieure, faire glisser dans nos doigts un argent gagné sans ères. Je bon, dont les corps brûlent, dont les yeux ont les lumières mêlées du désir et du plaisir.

La bête humaine, la jeunesse, le besoin de dompter, se cabrent à cette heure : ne gâches-tu pas tes années de vie rayonnante ? Guetté par la mort à chaque heure, n'as-tu pas de regrets, l'envie de tout casser et de courir, de te jeter vers le plaisir, vers les visages lumineux, vers les beaux corps lisses que connaissent à ta place les garçons de ton temps ?...

*

* *

Ce sont des moments où il faut garrotter ses passions pour nourrir son âme et sa foi, aux dépens des désirs tellement humains qui brillent devant nos yeux comme un mirage.

Nous montons la garde à nos parapets glacés, avec un brin d'amertume au cœur, mais supérieurement heureux pourtant du sacrifice renouvelé chaque jour, sans même savoir si nous serons jamais compris.

*

* *

Fin d'année. Je récapitule la file des jours qui meurent.

Année avec ses secrets et ses lumières...

Les secrets qu'on cache derrière un sourire, mais qui saignent souvent, comme des plaies jamais fermées...

Et puis, les lumières.

Il y a les lumières que les yeux des hommes ont vues. Ce sont les moins belles. C'est tel geste théâtral devant autrui, même quand on prend des airs modestes. Il est si difficile de garder un cœur vraiment naïf et de ne pas être trop content de soi-même...

Ces lumières-là, ces lumières imparfaites sont celles dont on se souviendra au-dehors. Soit. Mais ces lumières font mal aux yeux. On est aveuglé quand on les quitte. Et on est si souvent replongé des lumières crues dans les ombres de la banalité quotidienne ou des revers !

Je me souviens de ces lumières. Je les aime dans la mesure où elles ont éclairé brusquement l'idéal vers lequel je marche.

*

> * *

Je ne devrais aimer ces lumières-là que pour ce motif. Mais je sais bien que je me laisse prendre à la satisfaction que j'ai de moi-même. Finalement, ces lumières, nécessaires à l'action, m'attristent car elles me montrent que, chaque fois, je mords, un peu ou beaucoup, à l'hameçon de la vanité ou de l'orgueil.

Et puis il y a les autres lumières, celles que nul n'aperçoit du dehors. Elles éclairent notre âme aux rayons X. On sait alors exactement ce qu'on vaut. Et on n'est plus très fier. On voit crûment chacune de ses faiblesses, on ne trouve que de mauvaises excuses à cent fautes, toujours les mêmes.

*

* *

Mais c'est justement parce qu'on ne connaît que trop bien sa médiocrité qu'on éprouve des joies enivrantes quand les lumières qui naissent de la chaleur de l'âme finissent par éclairer une œuvre qui marque un effort. Ce n'est pas encore grand-chose, mais c'est né après tant de lâchetés secrètes que ce premier sourire intérieur plonge dans des ravissements indicibles.

XXIX

INTRANSIGEANCE

Qui a pensé à nous, les perdus des steppes, qui n'avions à boire, pour l'an nouveau, que de la neige fondue, rayée de morceaux d'herbes jaunes, ou un peu de café artificiel qui sentait le savon ?

*

* *

Détails misérables, détails humiliants, détails dont l'évocation paraît même déplacée : qui se représenterait ce qu'est, pour des centaines d'entre nous, par des froids pareils, la moindre servitude d'ordre physique, par exemple la misérable, l'inévitable dysenterie ?

Aucune installation sanitaire. Il faut, quinze, vingt fois, en quelques heures, courir dans la neige, se laisser couper le corps par une bise aiguisée comme une lame, cinglante comme un fouet.

*

* *

Vanité de nos corps dont, à certaines heures, nous étions si fiers !

La belle bête humaine, souple, brûlante, doit se soumettre à ces humiliations ! Elle se révolte, mais elle doit céder.

Corps qui était si satisfait de ta vie rythmée ! Tu as été caressé, embrassé, fervemment étreint : et on s'acharne à te rendre honteux de toi-même !

Pourtant, rien ne peut atteindre l'esprit dominateur. Si le corps est humilié, c'est parce que la volonté l'a conduit dans ces neiges sifflantes, au fond de ces abris sordides. Hier, c'étaient les poux.

Aujourd'hui le froid se colle à notre peau et la suce. C'est parce que nous l'avons voulu encore.

De la nature hostile, féroce, flagellante, nous nous moquons. Un jour, la bise cruelle s'éteindra dans le premier éblouissement du feuillage. Nos corps, tendus aux eaux des rivières, au soleil et aux vents, sentiront la vie battre plus ardemment que jamais autour de leurs os, robustes comme du métal, sous la chair vivante comme la chair des fleurs, dure et fraîche comme le marbre, mais dorée, gorgée, vibrante ! D'avoir souffert et triomphé, nous ouvrirons plus largement nos bras.

Et nos corps lisses, puissants et rudes, auront la sève des grands arbres vierges !

Nos volontés ramèneront la belle bête humaine, piaffante de vie, mais domptée.

*

* *

Toute la steppe, happée par la tourmente, avait beau crépiter, siffler, se soulever en vagues gigantesques.

Malgré le froid qui nous brûlait, malgré les rafales de grêlons qui nous criblaient le visage, j'ai fait face cent fois à la tornade, pour me remplir les yeux de cette grandeur. Je me sentais emporté par les bourrasques, je communiais avec cette puissance épique où la plaine blanche, le ciel, le vent mêlaient leur force, leurs bondissements, leurs flammes glacées, leurs longs cris qui venaient de l'horizon et hurlaient toujours au bout de la plaine frémissante.

Quelles sont, à des moments pareils, les forces qui se soulèvent en nous au contact des grands déchaînements naturels ? Je me sens alors transporté, une immense béatitude monte de tout mon corps, comme si des correspondances fabuleuses s'établissaient entre mon sang qui court et le vent qui souffle, la vie qui bout dans mes membres et la vie éperdue jetée à travers l'espace par le souffle du géant du ciel.

*

* *

Il n'est pas un de nous, soldats, qui ne doive être prêt aux dénouements les plus horribles.

Mais mesure-t-on le don ?

La mort dans l'humiliation, n'est-elle pas une façon de se donner davantage encore ?

Le sacrifice ne se calcule pas, ne comporte pas de réserves.

*

* *

On écoute tellement plus vite les farceurs que le message des cœurs droits. Pourtant les cœurs purs gagneront. Seuls les idéalistes changeront le monde.

*

* *

J'écris près d'un baril rouillé au fond duquel flottent les derniers herbages de notre eau glacée.

Cette pauvreté, cet isolement, nous les connaissons parce que nous avons voulu être des sincères.

Et, plus que jamais, dans cette solitude où les corps et les cœurs se sentent envahis par un froid mortel, je renouvelle mes serments d'intransigeance.

Plus que jamais, j'irai tout droit, sans rien céder, sans composer, dur pour mon âme, dur pour mes désirs, dur pour ma jeunesse.

J'aimerais mieux dix ans de froid, d'abandon, plutôt que de sentir un jour mon âme vidée, froide de ses rêves morts.

*

* *

J'écris sans trembler ces mots qui pourtant me font souffrir. À l'heure de la faillite d'un monde, il faut des âmes rudes et hautes comme des rocs que battront en vain les vagues déchaînées.

XXX

LA CROIX

À quand notre tour ?

La mort passe insensible et ses mains étranglent les cœurs au hasard. La mitraille vient, elle glisse, elle s'écaille, ou elle pousse à travers un jeune corps ses longs doigts rouges.

Que faire, sinon avoir le cœur pur, l'œil calmé par le sacrifice fait à temps, et librement ?

Si elle vient, nos cils ne trembleront pas et nous partirons avec le léger et triste sourire des tendres souvenirs qui ourlent les dernières secondes.

Si nous revenons, alors même que la tiédeur de la vie nous aura fait oublier ce souffle glacé, nos cœurs auront pour toujours l'équilibre de la vie qui n'a point tremblé devant la mort.

Que le destin nous trouve toujours forts et dignes !

*

* *

Il faut quand même aimer le bonheur, comme on aime le chant du vent, si fugitif soit-il, comme on aime les couleurs du soir, alors même qu'on sait qu'elles vont mourir.

Car les grands vents renaissent et chantent à nouveau et, chaque jour, les couleurs remontent au mât flamboyant du soleil ressuscité.

À nous de ne laisser ni les vents s'éteindre ni le soleil s'étioler sans en capter les forces.

*

* *

La joie est le feu des cœurs indomptables dont nul revers n'éteint ou n'étouffe les couleurs brûlantes.

*

* *

Quand tu vois la mer descendre sur les sables, retourner vers les sombres profondeurs du large, pense au grand jaillissement qui reviendra quelques heures plus tard, blanc, scintillant au soleil, audacieux et fort, comme si ces vagues étaient les premières qui venaient à l'assaut du monde !

*

* *

Être heureux, c'est se projeter.

Le bonheur, c'est cela : donner son plein.

*

* *

Il y a sur la terre tant de choses médiocres, basses ou laides, qu'on finirait par être un jour submergé par elles si on ne portait pas en soi le feu qui brûle le laid, le consume et nous purifie.

L'art est notre salut intérieur, notre jardin secret qui sans cesse nous rafraîchit et nous embaume.

Poésie, peinture, sculpture, musique, n'importe quoi, mais s'évader du banal, s'élever au-dessus de la poussière desséchante, créer le grand, au lieu de subir le petit, faire jaillir cette étincelle d'extraordinaire que chacun de nous possède, et la convertir en un grandiose incendie, dévorant, inextinguible.

Les siècles morts et noirs sont ceux où des âmes hésitèrent devant cet effort. Les siècles lumineux sont ceux qui ont vu ces grands feux d'âmes jalonner, dominer, les montagnes spirituelles.

*

* *

Les seules vraies joies ne sont pas celles que les autres nous donnent, mais celles que nous portons en nous, que crée notre foi, que nourrit notre dynamique.

Le reste vient, part comme l'écume de la mer, brillante à la pointe des vagues, frémissant encore un instant sur le bord des sables, puis mourant vite, ou se retirant avec les flots.

Tel est le bonheur que nous apportent de temps en temps les autres.

La joie qui naît de notre passion de vivre et de notre volonté est pareille à la grande force qui gronde et qui roule au fond des mers, qui jaillit à la rencontre du soleil et se renouvelle à chaque seconde.

*

* *

Il faut, accroché à un bateau, regarder la mer puissante jeter ses vagues comme d'immenses peaux de léopard, s'étaler, souple et luisante, se dresser comme un feu d'argent ou comme une prodigieuse gerbe de fleurs blanches ! Sans cesse cette vie revient, rebondit ; on sait que rien, jusqu'à la fin du monde, n'arrêtera cet élan !

Ainsi doivent être nos cœurs, impétueux, mais semblables à cette merveilleuse force rythmée, ordonnée, scandée comme un chant éternel.

*

* *

Le jour, nous sommes happés par de pauvres préoccupations, souvent banales.

Mais la nuit, l'imagination tisse ses rêves, nous emporte dans ses fantaisies, ses reconstitutions ou ses anticipations.

Parfois je suis stupéfait par la lucidité implacable des rêves.

Certes le rêve est souvent une fusée folle, une fantasmagorie. Mais il est souvent aussi pour moi une rencontre avec ma conscience et avec mes premières intuitions.

Je m'y vois au naturel, tel que je suis quand ma volonté n'est pas là pour bloquer ses quatre freins sur mes passions.

Je sais alors exactement quels sont mes points douteux.

Je dois chaque fois me dire : tiens, tu faiblissais.

J'ai ainsi la preuve quasi quotidienne que je ne puis résister à mille appels, conduire ma vie avec honneur que dans la mesure où un nouvel effort mâte et bride, chaque jour, au fond de moi-même, une cavale que les habitudes ne changent point et que seul le fouet de la volonté, manié sans cesse, peut contenir.

Que celle-ci se relâche, tout se débanderait.

Le rêve me le montre.

La volonté s'endort ? Je me réveille vaincu, le rêve m'avait conduit à la dérive.

Il n'est pas pour moi d'examen de conscience plus décisif que le déroulement des rêves. Ils me montrent mon âme à nu, j'en sors très peu édifié sur moi-même, sachant surtout qu'il faut être en garde à chaque instant car le fond de nous-mêmes ne capitule pas, ne va pas naturellement à la vertu mais, au contraire, se détache d'elle dès que les mirages ouvrent leurs champs d'or.

L'âme, libérée par le don qu'elle a fait d'elle-même, vole, s'élance et chante.

Parce que nous entendons en nous ces grands chants de la sérénité, nous savons que l'œuvre à créer sera belle. Car il ne se créer du grand et du beau que dans la joie et dans la foi.

*

* *

Si nous n'aimons la vertu que dans la mesure où on la remarque, nous la souillons d'orgueil. Nous ne sommes plus vertueux dès l'instant où nous désirons que la vertu, que nous croyons avoir atteinte, soit vue et admirée.

Il en est ainsi de toutes les vertus. Elles sont belles, douces, rayonnantes, si nous les aimons pour elles-mêmes, si nous les cultivons pour le plaisir unique de les avoir atteintes.

Nous allons à la vie sans même penser qu'on pourrait ne pas nous comprendre.

Les cœurs sans complications n'imaginent pas les complications des autres. Les cœurs frais n'imaginent pas que d'autres cœurs soient haineux ou souillés.

*

* *

La souffrance est la plus merveilleuse des compagnes, pathétique et angélique, lavant les âmes de tout désir, les hissant vers les sommets dont elles avaient si longtemps rêvé.

Les défaites, les victoires, les rêves ou les succès matériels passent, s'oublient, feux qui brillent un instant, fumées qui se diluent dès que le vent souffle.

Mais l'essentiel, l'unique, est, pour nous, le grand embrasement spirituel sans lequel le monde n'est rien.

Un petit peu de feu dans quelque coin du monde, et tous les miracles de grandeur restent possibles.

*

* *

Tout, dans la vie, est une question de foi et de ténacité. La confiance, cela ne se mendie pas, cela se conquiert. Et le meilleur moyen de conquérir, c'est d'abord de se donner.

*

* *

Nous portons tous notre croix : il faut la porter avec un sourire fier, pour qu'on sache que nous sommes plus forts que la souffrance et aussi pour que ceux qui nous blessent comprennent que leurs flèches nous atteignent en vain.

Qu'importe de souffrir, si on a eu dans sa vie quelques heures immortelles.

Au moins, on a vécu !

SIXIÈME PARTIE

DON TOTAL

XXXI

LA RECONQUÊTE

Les remous qui agitent l'opinion, les guerres qui bouleversent les nations, ne sont que des épisodes.

Les réformes partielles ne changeront rien à ces cascades d'accidents.

Changer les hommes serait un ouvrage bien décevant s'il ne s'accompagnait pas d'un travail essentiel au fond des âmes, d'une transformation des bases mêmes de notre temps.

Tous les scandales, la déchéance de l'honnêteté et de l'honneur, l'impudeur dans la certitude de l'impunité, la passion de l'argent qui balaye conventions, dignité, respect de soi-même, l'amoralité, devenue inconsciente, décèlent le mal profond qui réclame des remèdes d'une égale ampleur.

Ce n'est pas brusquement qu'on ment, qu'on enfreint toutes les lois morales, surnaturelles ou naturelles, et, plus simplement, les lois du code. Ce n'est pas en un jour qu'on arrive à braver hypocritement, à ne parler qu'avec réticence, à mentir avec des mots vertueux.

Cette déformation des consciences qui stupéfie, qui effraie, aujourd'hui, ou qui prend des airs de supériorité sarcastique, n'est que la conclusion d'une longue déchéance des vertus humaines.

C'est la passion de la richesse, la volonté d'être puissant n'importe comment, c'est la frénésie des honneurs, c'est le matérialisme, c'est l'assouvissement sans scrupule des instincts, qui ont corrompu les hommes et, à travers eux, les institutions.

*

* *

Le monde est de plus en plus préoccupé des joies banales, matérielles, ou simplement animales. Il se ramasse sur lui-même, pour conserver ou gagner le maximum. Chacun vit pour soi, laisse dominer sa vie au foyer, au sein du pays, par un égoïsme constant qui a converti les hommes en loups haineux, aigris, cupides, ou en résidus humains corrompus.

Nous ne sortirons de cette déchéance que par un immense redressement moral, en réapprenant aux hommes à aimer, à se sacrifier, à vivre, à lutter et à mourir pour un idéal supérieur.

En un siècle où on ne vit que pour soi, il faudra que des centaines, des milliers d'hommes ne vivent plus pour eux, mais pour un idéal collectif, consentant pour lui, à l'avance, tous les sacrifices, toutes les humiliations, tous les héroïsmes.

Seules comptent la foi, la confiance brillante, l'absence complète d'égoïsme et d'individualisme, la tension de tout l'être vers le service, si ingrat soit-il, n'importe où, n'importe comment, d'une cause qui dépasse l'homme, lui demandant tout, ne lui promettant rien.

Seuls comptent la qualité de l'âme, la vibration, le don total, la volonté de hisser par-dessus tout un idéal, dans le désintéressement le plus absolu.

L'heure vient où, pour sauver le monde, il faudra la poignée de héros et de saints qui feront la Reconquête.

XXXII

FLOTTILLE D'ÂMES

Un pays se redresse vite après des revers financiers.

Il reconstitue sans trop de peine une nouvelle ossature politique.

Il suffit pour cela de techniciens habiles et d'une volonté qui lie les efforts.

Les grandes révolutions ne sont pas politiques ou économiques. Celles-là sont des petites révolutions, un changement de machine. Quand les spécialistes ont emboîté les pièces, quand les moteurs ont trouvé leur cadence et que des contremaîtres sérieux les surveillent, la révolution matérielle est accomplie.

La suite ne demandera plus que des réparations de temps en temps, une modification de-ci de-là. La machine est montée ou révisée. Elle tourne. Le gros de l'œuvre est fait.

*

* *

La vraie révolution est bien plus compliquée, qui remet au point non pas la machine de l'État mais la vie secrète de chaque âme.

Là, il ne s'agit plus d'une révision et d'une surveillance quasiment automatique. Il s'agit des vices et des vertus, d'appels profonds et de faiblesses, de pauvres espoirs qui nous sont si chers...

Qu'y a-t-il au fond de ce regard, derrière ces yeux qui s'appuient sur nous, longuement, comme si des secrets se posaient sur nos paupières ?

Un cœur hermétique, une âme, et ses crises secrètes, ses élans, ses effondrements, les appels d'un corps et ses déchéances indélébiles, les peines qu'on a tant de mal à cacher ou à deviner, la lutte incertaine et trouble qu'est le bonheur, voilà les grands drames de l'homme.

*

* *

Mais là aussi s'offre la vraie révolution : apporter de la lumière dans ces esprits happés par les ombres ; aider au redressement de ces âmes en train de défaillir ; réapprendre à penser à autre chose qu'à un corps ou à des corps ; dominer l'imparfait ; se relever vers le meilleur, quels que soient les efforts.

*

* *

Cette révolution-là, seule, peut enchanter. Elle fait peur pourtant.

Nous avançons tous parmi des énigmes.

Cette fine tête penchée et ces beaux cheveux d'or, ce rire qui éclate trop brusquement, ce bras qui tombe ? Dix visages, dix abîmes.

Qui nous trompe ? Qui se trompe ? Qui cherche à tromper ?

Nous n'apercevons que les ombres chinoises des êtres. Chacun tente de se leurrer, de leurrer les autres, par des simplifications et par des cabrioles plus ou moins habiles.

Et c'est parmi ces subterfuges, pourtant, qu'il faut avancer, avec des flammes de mains blanches dans tant de nuits !

*

* *

Que saisir ?

Que faire jaillir de ces êtres qui se replient dans des mystères d'autant plus poignants que ce rire, ces yeux en fleurs, ce front limpide, cette tendre caresse des cheveux mouvants, donnent des lumières de fête aux regrets, aux angoisses, aux lassitudes, aux perversions !

Nous venons de lointains paysages. Le fond de nos cœurs connaît seul notre visage, les faux secrets de notre âme, ses espoirs et ses fautes, nos vraies joies et nos vraies larmes.

Il y a eu tant de joies et tant de larmes que les autres ont cru connaître, partager ou apaiser... Nous regardons, aux heures de solitude, le vrai nous-mêmes où personne, hélas, ne va jamais. Il nous dit qui il aime et qui le possède, ce qui l'accable et le fait déchoir, ce qui tente de ce qui pourrait l'élever, peut-être, si venait le souffle du vrai dans ses voiles invisibles.

*

* *

Être ce courant, ce grand vent tiède et long qui monte du fond des horizons spirituels, qui donne aux âmes cette impulsion première...

Tout d'un coup, la voile a subi ce gonflement impalpable qui s'arrondit dans la lumière.

Sur l'eau, la coque a glissé.

L'inflexion de la blancheur des voiles a doucement écarté l'air.

Nous pensons à ces milliers de voiles immobiles attendant ce qui leur donnera, imperceptiblement d'abord, puis avec une force frémissante, la vie et le mouvement, la joie de couper l'air et l'eau, d'avancer vers la ligne nette que trace là-bas le ciel...

*
* *

Les barques sont lourdes. L'eau est noire d'avoir pesé sur elle-même.

Tout est silence.

Être ce souffle qui viendra du bout des grèves gonfler ces âmes, les pousser au large, maladroites d'abord, gauches après tant d'attente et de stagnation, puis heureuses et fermes à mesure que se confirme la force qui les soutient et la vie qui les ranime, apprendre à tous ces êtres que l'existence peut être belle, et pure, et grande, même après toutes les faiblesses et tous les désenchantements, faire monter, de ces cœurs secs ou engourdis, ou pervertis, le jaillissement d'un renouveau : là est la tâche, la vraie, la dure, la nécessaire tâche...

*
* *

Terrible tâche !

On voudrait prendre dans ses bras ces êtres au point mort, plonger dans ces prunelles, écarter ces lianes des réticences, comme si l'on avançait avec des doigts frémissants dans la soie d'une chevelure qui s'abandonne...

Mais quel émoi dès la rencontre de ces yeux qui ne happent les lumières du dehors que pour mieux neutraliser les autres, ces yeux qui nous disent si vite, dès leur premier mensonge, ou leur premier aveu, le trouble qui nous habite nous-même !

Comment regarder un visage sans entendre les interrogations cruelles ? Mens-tu ? Que se passe-t-il sous le feu et sous le couvert de la chair ? Et que restera-t-il demain de l'aspiration qui se hissait péniblement, accrochée à la bouée de ce regard ?

Le fond de toute rédemption se trouve là, cependant : rendre une vie aux âmes à la dérive, apaiser les tempêtes qui en brisent les mâts, en arrachent les voiles, leur donner le soleil et le souffle, tisser la paix sur les mers humaines, rendre leur horizon net, libéré des ombres et des périls des cieux violents et tourmentés...

*

* *

Respirer... Se reprendre à croire à des vertus, à la beauté, à la bonté, à un amour...

Sentir danser autour de soi, sur les vagues, mille autres voiles, gorgées de vent, portées d'un même élan vers le même appel...

Quand la mer dorée verra ce blanchissement jaillir, la Révolution sera en route, hissée au sommet de ces flottilles d'âmes.

XXXIII

SOMMETS

Ta route est dure.

Le souffle te manque. Il est des moments où tu voudrais jeter ce sac qui te pèse, te laisser aller à la descente et regagner ces fermes qui fument tout en bas, filets bleus sur les fonds verts et gris des prés et des ardoises.

Tu te sens pris de la nostalgie des eaux qui dorment et des joncs clairs, de la rame qui clapote, du sentier plat, sans effort, le long des berges. Tu voudrais ne plus songer à rien, laver de ta pensée le souvenir des hommes et, le dos dans l'herbe, regarder le ciel qui passe, allégé par des vols d'oiseaux.

Plus de lassitude ! Tu ne lâcheras pas ton sac et ton bâton ! Tu n'épongeras pas tes genoux qui saignent ! Tu n'écouteras pas la clameur des haines, tu ne regarderas pas les yeux qui sourient des méchancetés qu'ils cachent ! C'est là, en haut qu'il faut jeter tes yeux ! Ton corps ne doit vivre que pour ces lacets qui tournent, ton cœur ne doit rêver qu'à ces sommets que toi et les autres devez atteindre.

*

* *

Dis-moi le fond de ton désarroi. Tu croyais trouver des joies immédiates à gravir la côte en hissant un troupeau humain. Tu as souvent souffert. Tu es parfois pris de nausées. Tu en avais besoin. Tu devais apprendre que l'ambition ne paye pas, qu'elle lasse tôt ou tard le cœur qu'elle possède. Tu le sais à présent. Tu sais qu'il ne faut attendre du dehors aucune joie constante, tu as appris à douter du réconfort des hommes, ton visage est empourpré, non pas des tendresses qu'ils te donnèrent, mais des coups dont tu fus rayé par eux.

Certes, tu ne pensais pas qu'il en serait ainsi. Tu imaginais qu'au long de la route les mains et les yeux se tendraient pour apaiser ta fièvre.

Tu récapitules.

Et tu dis : je redescends.

Non ; c'est alors seulement que la vie devient noble, quand on est meurtri par elle et qu'on ne compte plus que sur soi pour la porter.

Tu te souviens des premiers jours ? Tu voulais une ascension très belle ; c'est vrai. Tu partais pour libérer ton âme. Mais rappelle-toi comment l'homme remontait à chaque instant à la surface !

Ne croyais-tu pas à ce plaisir trouble de la domination et des honneurs ?

Tu te récries ?

Oui, tu ne le voulais pas tout cru. Tu le rejetais avec des mots assez sincères. Mais il ourlait quand même le bord de tes actions, comme l'écume borde le liseré de la mer. Tu pensais loyalement que tu ne vivais que pour ce fil de lumière, beau seulement de loin, à la limite des sables. Mais la tentation était là, dans ton cœur. Tu voulais quelque chose de grand. Mais tu avais encore près de toi la pensée de toi-même. Tu te laissais prêt à faire ton devoir. Mais tu laissais ton être ajouter en sourdine que le devoir pourrait peut-être s'accoupler avec ton nom et avec tes désirs, dorés d'orgueil !

C'est parce que tu n'y crois plus, à présent, que tes yeux ont ces grands reflets glauques. Tu regardes dans le vague.

Mais non, regarde donc bien en face, pour mépriser ce que tu aimais de moins pur.

*

* *

Ceux qui t'ont révolté cent fois, par leur méchanceté et leur injustice, t'ont aidé plus que tes propres forces.

Tu te révoltes ? Tu dis que tu donnes en vain ta chair et ton souffle, ton cœur et ta pensée ?

En vain ? Parce que tu ne les donnes plus à toi-même ?...

C'est maintenant seulement que tu vas commencer à te donner.

*

* *

Il fallait que ces méchancetés t'accablent. Il fallait qu'à l'heure où tu défailles presque, au bout de ton effort, les ricanements s'élèvent et que le mépris te laboure.

Il fallait que tous tes gestes d'amour soient recouverts de haine, que tous tes élans soient salis, que chaque palpitation de ton cœur commande un coup nouveau qui s'abatte sur ton visage...

Tu as connu, tant de fois, ces derniers mètres harassants où tu souriais au seuil du but, malgré ta sueur et ta pâleur : l'instant d'après, tu roulais dans les rochers, trahi par les tiens, accablé par les autres. Tout était à refaire.

Et toujours le vide enjôleur de la vallée te hélait, les peupliers qui tremblent t'appelaient comme une file de navires sur la mer des jours faciles.

*

* *

Tu as souffert de l'âpreté des combats. Tu t'es dit : quelle que soit la victoire, le prix en est trop cher, je ne suis plus preneur.

Tu pensais toujours à toi-même... Oui, pour toi, pour le plaisir humain d'être arrivé en haut, le marché était un marché de dupes. Mais si la vie ne t'avait pas cent fois soufflété, aurais-tu jamais compris qu'il est d'autres plaisirs qu'un orgueil, que des sourires, et que la gloire ?

Tu as senti l'hypocrisie de tant de visages qui t'environnent ! Tu as deviné tous les mensonges, tout le fiel, toutes les bassesses qu'on te réserve, chaque fois que tu te reprends à gravir.

Tu n'as plus droit à rien.

Tu entends le grouillement des horreurs vipérines. Tu sais qu'il ira jusqu'au bout de l'abjection.

C'est à l'heure où tu auras tout donné qu'on te dira cupide.

C'est à l'heure où ton cœur souffrira le plus d'abandon qu'on lui prêtera les plus viles exigences.

Tu te retournes avec des larmes qui jaillissent malgré toi. Pourquoi ? Tu penses donc encore à toi-même ?

Tu souffres encore de l'injustice, quand il ne s'agit que de toi ?

Qu'il est dur de se dépouiller de l'homme !

*

* *

Laisse-les s'abattre sur ta vie comme des chacals, laisse-les bafouer tes rêves, laisse-les ouvrir ton cœur à tous les vents !

Subis d'être jeté aux bêtes de l'envie, de la calomnie, de la bassesse ! Supporte, surtout — et c'est ce qui meurtrit le plus — qu'à l'instant où tu n'en peux plus, où tes genoux fléchissent, où tes yeux battent l'air à la recherche d'un regard, tes bras à la recherche d'une main ardente, supporte, alors où tu es suspendu à un mot, à un regard, que ce mot s'abatte pour te briser, ce regard pour te faire mal ; accepte que ce soient ceux qui étaient le plus près de toi qui t'achèvent, ceux à qui tu avais tout laissé, que tu aimais si naïvement, sans réserve et sans réticences...

Tes yeux ont un égarement plus pathétique qu'un cri ! Ne crie pas pourtant. Attends-toi à ce que tout ce que tu as souffert hier, demain se renouvelle. Accepte à l'avance. Ne te retourne même pas en entendant ce grouillement derrière ton dos. Bénis les coups reçus. Aime ceux qui viendront.

Ils te sont plus utiles que mille cœurs qui t'aiment.

*

* *

As-tu saisi ?

Tu trouveras peut-être demain, tu les trouves parfois déjà, ces tendresses qui te viennent comme une bouffée d'air pur, ou comme le parfum d'un massif de fleurs champêtres.

Tu es maintenant sans faiblesse devant elles.

Tu n'en jouiras dignement que dans la mesure où, à force de souffrir, tu auras appris à t'en passer.

Ce sont elles qui t'eussent perdu si tu ne les avais pas payées cent fois leur prix, sans même être sûr de les recevoir.

Si un jour elles apparaissent, jouis-en comme d'un paysage sublime aperçu en passant. Mais ce n'est pas pour elles que tu es venu : c'est l'air, c'est la lumière des sommets qui t'appellent !

Tu respires mieux déjà. Tu atteindras tout doucement la vraie joie, à ces grandes neiges de la conscience, brillantes, sans la souillure d'un pas. Ne pense qu'à elles, ne vois qu'elles, essaie d'y arriver, léger, pur, ensoleillé comme tu les devines.

Ce sont tes faiblesses et tes fautes sur lesquelles doivent peser tes regards ; sur elles seules ; ton orgueil, ton nom, les appels vaniteux de l'homme du départ, jette-les au-delà des roches !

Les as-tu entendus se briser, rebondir en quelques soubresauts ? Que tout cela soit mort ! Que l'amertume, l'abandon, au lieu de te révolter, te maintiennent dans le chemin ! Ces chiens qui hurlent sont les gardiens du troupeau de tes pensées. Sans eux tu t'arrêterais, tu t'écarterais. Ne perds pas un instant. C'est loin. Et tu dois arriver à la cime.

*

* *

Quand tu atteindras ces immensités pures, derrière toi se fera un grand silence. Tous ceux qui hurlaient à ta suite, qui te haïssaient ou t'accablaient malgré les sourires de leur visage, tous ceux-là qui, pour te frapper, te suivaient sur la route, s'apercevront brusquement qu'à ce jeu ils ont, eux aussi, atteint les neiges, l'air neuf, et les horizons découpés dans le ciel. Ils oublieront de te haïr. Ils auront des yeux émerveillés d'enfant. Ils découvriront l'essentiel. Leurs âmes auront été hissées à des sommets qu'ils n'auraient jamais accepté d'atteindre si ton dos qui recevait leurs coups n'avait point caché la longueur de la route.

Alors, tu la tiendras, ta victoire ! Tu pourras, ayant donné le dernier effort, tomber tout d'un coup, les bras en croix, du sommet de la montagne et rouler dans les galets vers les fonds lointains.

Tu auras fini.

Tu auras gagné. Être achevé par le dernier effort n'aura plus aucune importance si les autres sont là, au bord des immensités virginales de la rédemption.

*

* *

Tu es si heureux, au fond.

Tu sais que le seul bonheur est là.

Chante !

Que ta voix tonne dans les vallons !

Regrets et larmes ? Alors que c'est le plus médiocre de toi-même qui a souffert et que tu viens de rejeter !

Le plus dur est fait. Tiens bon. Serre les dents. Fais taire ton cœur. Ne pense qu'au sommet ! Monte !

PROLOGUE ESPAGNOL DU DOCTEUR MARAÑON

Ces lignes que j'adresse aux hommes qui parlent ma langue, qui passent près de moi et qui désirent m'écouter, ont pour but de leur conseiller de lire les pages, brèves et véhémentes comme des battements de cœur, du livre en hommage auquel je suis en train de tracer ce message.

Je n'admets pas, je n'ai pas admis, je n'admettrais jamais que les hommes puissent s'écarter les uns des autres, si ce n'est pour des motifs profonds et permanents.

Et encore, cette profondeur et cette permanence, faut-il les soupeser avec tant de sincérité que, presque jamais, elles ne parviendront à paraître suffisantes, si on est loyal avec la vérité.

*

* *

Et il est clair que les motifs d'ordre politique, si enrobés qu'ils nous paraissent dans la passion, les fumées et le sang des révolutions et des guerres, ne sont autre chose que des éléments circonstanciels.

Circonstances qui, au-dedans de nous-mêmes, ne peuvent pas compter, et qui ne doivent pas avoir accès aux réduits secrets au fond desquels la conscience élabore son jugement définitif sur les choses et les hommes.

Ceci, je le dis pour expliquer mon attitude à ceux qui se permettraient de trouver étrange le fait que ce soit moi qui loue et qui patronne ce livre, étincelant comme une flamme, dans lequel conte sa vie, sa vie du dehors et sa vie du dedans, un homme dont la trajectoire sociale est distincte de la mienne.

Et j'ajoute que cette explication n'a rien d'une excuse, parce que ceux qui prétendraient me le demander ne le mériteraient point.

Et ils ne la mériteraient pas pour le seul fait d'énoncer cette demande. Les paroles que j'écris ici, pleines d'amitié, ne sont rien d'autre qu'un geste de libération, geste qui, venant de ma part et modeste par le fait même, suppose une leçon dont ont besoin, avant tout, si le monde doit suivre un bon chemin, ceux qui, sans l'être, se croient des libéraux.

*

* *

C'est un plaisir profond et consolant de faire la preuve — et elle se fait chaque fois qu'on le veut — que l'homme qui pense d'une autre manière que nous est pareil à un autre nous-mêmes et identique à n'importe quel autre homme qui possède les idéaux qui lui plaisent.

Il suffit, pour le constater, de nous dépouiller du masque à l'abri duquel nous cheminons à travers la vie, et de parler, à voix basse, de ce qui se passe au fond de notre cœur.

Un cœur, si on le laisse seul, est toujours à peu près le même que tous les autres cœurs.

*

* *

Qui pourrait en douter en lisant, par exemple, les pages de ce livre qui ont pour titre « Le Cœur et les Pierres » ?

Ces pages sont d'une beauté impossible à surpasser, vibrantes de pathétisme humain, pleines d'espérance dans un monde uni et meilleur. Pour elles — et cela dans la limite de nos forces — nous

avons poli les mots les plus subtils et les plus nobles de la langue castillane, comme on polit l'or dans lequel on va enchâsser une émeraude.

GREGORIO MARAÑON

ÉLOGE DE LÉON DEGRELLE - NOTE DU COPISTE

C'est un fait ; j'éprouve depuis longtemps une certaine sympathie pour ce grand diable de Degrelle. J'ai plusieurs fois changé d'avis, tergiversé sur des questions actuelles ou moins actuelles, évolué dans mon propre parcours politique, mais cette sympathie ne s'est jamais démentie. Au contraire, elle s'est renforcée au fil du temps, pour se muer en estime et en respect.

Aujourd'hui, je souhaite partager, gratuitement et librement, des pages qui pourraient bien changer beaucoup d'idées toutes faites à propos de l'ancien chef de Rex. Plutôt que de les garder réservées à un très petit nombre, tant au nom d'une mentalité clanique que des droits d'auteur, je voudrais que tous ceux qui sont capables de les apprécier puissent le faire, sans avoir à donner leur obole ici ou là-bas. Avant d'être matière à business, Degrelle est un génie : c'est pourquoi j'ai fait l'effort de recopier ces pages, mot par mot, ligne par ligne, et que je vous en livre le produit sans rien demander en échange, si ce n'est l'effort de lecture.

Ce livre vient montrer, de manière délicate et touchante, ce que l'on pouvait ressentir sans le dire dans d'autres ouvrages du même auteur.

En un temps où les idéologies font rage, où l'on ne voit qu'elles, où l'on ne juge que par elles, Degrelle écrit quelque chose de totalement différent. Ce n'est ni *Tintin mon copain*, dernière fusée grandiloquente du chef rexiste, ni la *Campagne de Russie*, témoignage haletant, rédigé pour moitié dans un lit d'hôpital, entre mémoire vive et pression internationale, ni même la *Cohue de 1940*, dont on peut espérer que les historiens du futur, moins enfermés que les nôtres dans le tumulte de la politique, le reconnaîtront à sa juste valeur.

On trouve dans *Les âmes qui brûlent* quelque chose de politique, comme dans les autres livres. Mais, à proprement parler, ces pages ne sont pas politiques. Elles sont en deçà des idéologies, et quelque part bien au-delà.

Essayiste, orateur, chef politique, écrivain, soldat, poète, témoin... Derrière toutes ces variations, à la fois façades et moments, on trouve un homme, un grand, un « météore » pour reprendre le mot de l'introduction. Connaisseur du sublime le plus terrible comme de la banalité dans ce qu'elle a de plus ancestral et authentique, Degrelle possède une intuition marquante, un sens aigu des choses et des moments.

Idéaliste jusqu'à devenir cendres, trop brûlant pour s'accommoder de la fange polie et des intérêts glacés autour de lui, l'auteur de ces pages a quitté son pays pour mieux le porter aux nues. Il ne pouvait pas, ne voulait pas attendre, et surtout pas dans une société pourrie de l'intérieur comme celle de son temps. Occupée ou non par l'Allemagne, on y retrouvait la même mesquinerie, la même médiocrité dévorante qu'avant-guerre ou dans d'autres pays européens. L'idéaliste Degrelle ne pouvait pas rester dans un tel monde sans perdre ce qu'il était : c'est pour ne pas mourir de l'intérieur qu'il est allé risquer mille fois sa vie sur le front de l'Est.

Cet homme-là fut moins un soldat politique qu'un génie individuel. Il n'a trouvé que ce moyen pour s'exprimer, pour se déployer, à défaut de mieux. Rex, le front de l'Est, étaient incontournables. Ils étaient dans la logique de l'époque ; ils étaient, en son sein, un moyen pour Degrelle d'en mener à bien la traversée, à la fois arc et flèche de feu, autant que contemplatif aux yeux de lynx.

On n'a que trop retenu la flamboyance du chef rexiste, pour mieux la tourner en ridicule. Ce faisant, on oublie l'homme derrière. L'homme d'action, bien sûr, mais aussi l'esprit, intime, profond. C'est cet esprit-là que *Les âmes qui brûlent* nous montre d'une manière directe, là où les autres livres le laissent seulement affleurer l'espace d'un mot ou d'une page.

Plus moine que soldat, Degrelle est revenu de la guerre imprégné d'une conscience aigüe de l'instant présent. S'il la possédait déjà auparavant, cela n'était pas encore le mélange de lassitude, de lucidité et d'espoir éternel que nous pouvons voir ici. Les courtes notes qui composent ces pages, brèves et légères malgré tout ce qu'elles peuvent avoir de pathétique, ne sont pas sans faire penser à celles d'un moine zen.

Spirituel, volontariste : voilà ce que fut Degrelle et ce qu'il admirait chez les autres. On lui reproche d'avoir choisi le mauvais côté, de s'y être enfoncé, même. Comme s'il avait eu le choix. Comme si les forces vives dont il faisait partie avaient pu se trouver du côté des intérêts, des marchandages, de ce qu'il y avait de plus symptomatique du déclin de l'Occident. Le camp des perdants n'était peut-être pas reluisant non plus ; mais Degrelle était simplement vivant, et c'est cela qui lui est reproché. On lui fait même porter le chapeau. Comment, pourtant, aurait-il pu en être autrement ? Avec sa générosité, abondante, impudente, comment Degrelle n'aurait-il pas pu s'attirer les foudres des médiocres, soleil brillant dans un monde larvé où le gagnant est celui qui se dévoile le moins ?

Communisme, capitalisme, socialisme, fascisme. Tous ces mots ne recouvrent ni des biens ni des maux. Seulement des étiquettes, dans le meilleur de cas des façons d'être ou des dispositions. En deçà de chacune, on peut voir des individus, courant, grouillant, s'élevant ou s'abaissant. Pourquoi condamner en bloc ceux-ci et acclamer ceux-là, pour des questions de mots ? Ce ne sont pas les mots qui font les choses : ce sont les processus à l'œuvre et les individus ; et les étiquettes ne sont que des raccourcis vers des illusions.

Degrelle l'avait compris, lui qui voulait tirer son pays, son peuple, son époque vers l'avant, qui avançait fixé vers son but, avec une honnêteté et une humanité dont *Les âmes qui brûlent* témoignent mieux qu'aucune autre source.

Par l'individu, c'est la civilisation qui s'exprime. Une idéologie n'est qu'un symptôme d'époque ; pourquoi rester fixé dessus ? Degrelle lui-même, qui a passé quatre années de sa vie face à l'armée rouge, risquant à chaque instant sa peau, ne devant peut-être sa survie qu'à sa nature profonde de génie météorique, Degrelle, oui, a été suffisamment visionnaire pour voir ce qui se trouvait en face de lui. C'est-à-dire non pas seulement le communisme, ou les forces qui le faisaient avancer, mais aussi le peuple russe. Il le dira sans détour en 1981, dans une interview accordée à la revue *Histoire magazine* : « Là où Napoléon et Hitler ont échoué, c'est peut-être le fils de l'un de nos adversaires du Caucase et de Tcherkassy qui réussira en rassemblant autour de la Russie, guérie du virus communiste, tous les peuples européens pour entraîner le monde dans une nouvelle marche en avant. »

Pour comprendre Degrelle et l'apprécier à sa juste valeur, il faut se défaire des ornements idéologiques. Penser à l'échelle de l'homme individuel, autant qu'à celle de la civilisation, les deux s'interpénétrant et s'entre-produisant sans cesse.

Être un homme, c'est fabriquer l'homme : et nul, mieux que Degrelle, n'avait compris cela.

Déjà parus

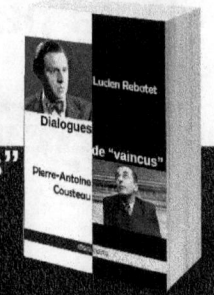

Omnia Veritas Ltd présente :

Pierre-Antoine Cousteau
Lucien Rebatet
Dialogues de "vaincus"

«Pour peu qu'on décortique un peu le système, on retrouve toujours la vieille loi de la jungle, c'est-à-dire le droit du plus fort.»

Le Droit et la Justice sont des constructions métaphysiques

Omnia Veritas Ltd présente :

Lucien Rebatet
Les décombres

La France est gravement malade, de lésions profondes et purulentes. Ceux qui cherchent à les dissimuler, pour quelque raison que ce soit, sont des criminels.

Mais que vienne donc enfin le temps de l'action !

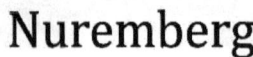

Omnia Veritas Ltd présente :

Nuremberg
Nuremberg ou la terre promise
Nuremberg II ou les faux-monnayeurs

par
MAURICE BARDÈCHE

Je ne prends pas la défense de l'Allemagne. Je prends la défense de la vérité.

Nous vivons sur une falsification de l'histoire

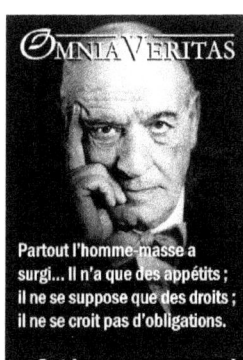

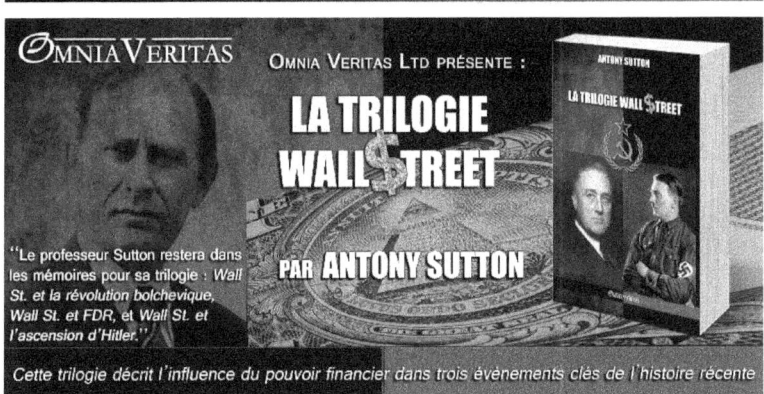

OMNIA VERITAS LTD PRÉSENTE :

Du Frankisme au Jacobinisme

La vie de Moses Dobruska, alias Franz Thomas von Schönfeld alias Junius Frey

PAR

GERSHOM SCHOLEM

La vie mouvementée de Moses Dobruska, personnage énigmatique qui participa à la Révolution française raconté par un des plus grands noms de la pensée juive contemporaine

Élevé comme juif orthodoxe, il devint par la suite l'adepte d'une secte kabbaliste

Omnia Veritas Ltd présente ;

LA CONTROVERSE DE SION

de Douglas Reed

Les racines multiséculaires et l'agenda caché du sionisme.

L'ouvrage-clef non-censuré enfin disponible en français !

Omnia Veritas Ltd présente :

VLADIMIR POUTINE & L'EURASIE

de **JEAN PARVULESCO**

L'avènement providentiel de l'"homme prédestiné", du "concept absolu" Vladimir Poutine, incarnant la "Nouvelle Russie"

Un livre singulièrement dangereux, à ne surtout pas mettre entre toutes les mains

LES ÂMES QUI BRÛLENT

Omnia Veritas Ltd présente :

« Ce livre n'est pas un roman. Je ne fais qu'y conter des événements dont j'ai été le témoin... »

L'ÂGE DE CAÏN

par JEAN-PIERRE ABEL

PREMIER TÉMOIGNAGE SUR LES DESSOUS DE LA LIBÉRATION DE PARIS

Abel qui renaît à chaque génération, pour mourir encore par la grande haine réveillée

---

Omnia Veritas Ltd présente :

Découvrez les secrets de la confrérie des Frères Musulmans, l'outil au service des Mondialistes

LES Mondialistes & Islamistes

Provoquer le « Choc des Civilisations » pour un Nouvel Ordre Mondial

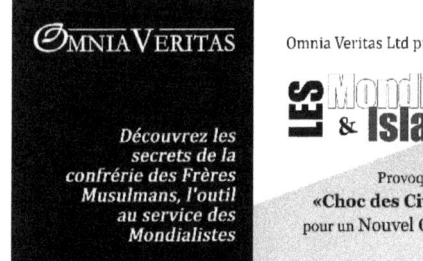

Qui tire les ficelles de l'Islam radical ?

Vous irez de surprise en surprise en lisant cet ouvrage-clef de Peter Goodgame

---

Omnia Veritas Ltd presente:

Satan s'est révolté au nom de la **liberté** et de **l'égalité** avec **Dieu**, pour asservir en se substituant à **l'autorité** légitime du Très-Haut...

LA GUERRE OCCULTE
de
Emmanuel Malynski

Toute l'histoire du XIXe siècle est marquée par l'évolution du mouvement révolutionnaire

Les étapes du duel gigantesque entre deux principes

163 |

Histoire de France
de
Jacques Bainville

Omnia Veritas Ltd présente :

Ce classique de Jacques Bainville fait son grand retour !

Revisitez **ces grandes figures historiques** qui ont bâti la France.

Un ouvrage indispensable à toute bibliothèque historique.

Omnia Veritas Ltd présente :

L'Angleterre et l'Empire Britannique
de
Jacques Bainville

La Perfide Albion racontée comme jamais par le grand historien.

Un éclairage **sur les ressorts ancestraux** de la politique anglaise.

Une compilation d'articles passionnante et édifiante !

Omnia Veritas Ltd présente :

Napoléon
de
Jacques Bainville

"Il pourra m'arriver de perdre une bataille, jamais une minute."
Napoléon

Revivez intensément **l'épopée Napoléonienne** à travers **le chef-d'œuvre** d'un immense historien !

Partez à la rencontre d'un héros marqué par la fatalité...

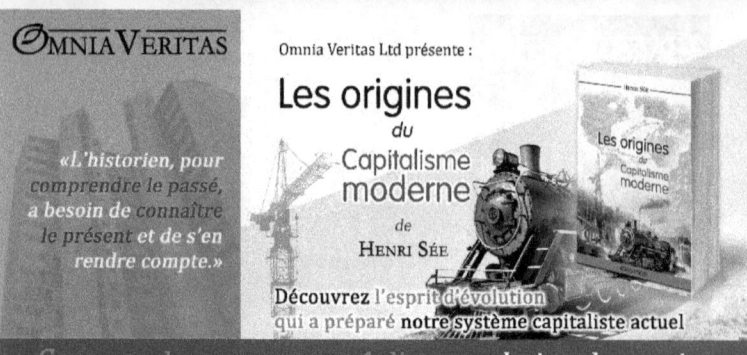

LES PAMPHLETS de LOUIS-FERDINAND CÉLINE

Omnia Veritas Ltd présente :

« ... que les temps sont venus, que le Diable nous appréhende, que le Destin s'accomplit. »

LF Céline

Un indispensable devoir de mémoire

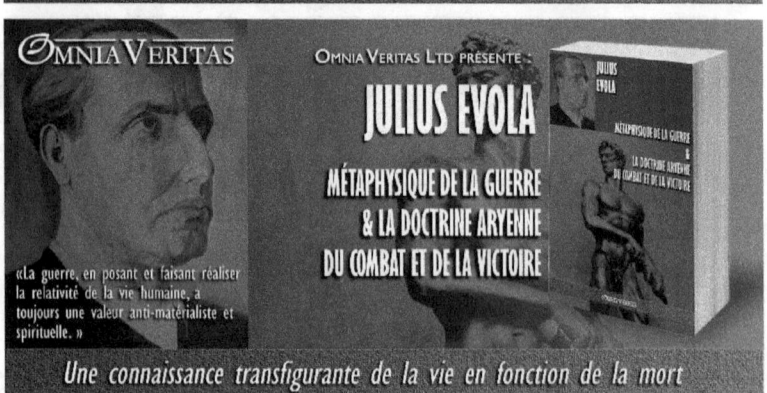

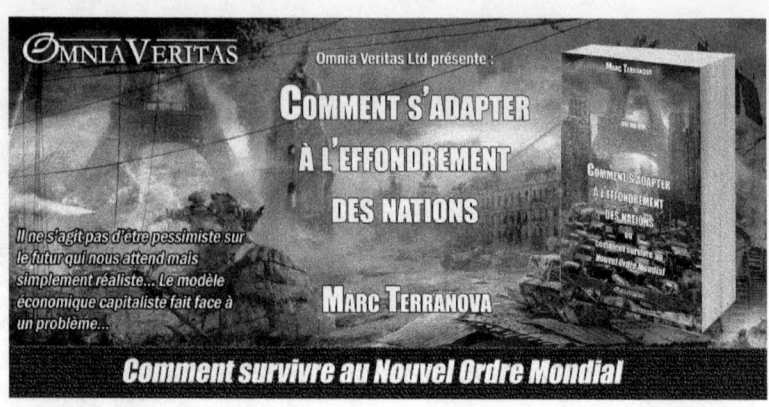

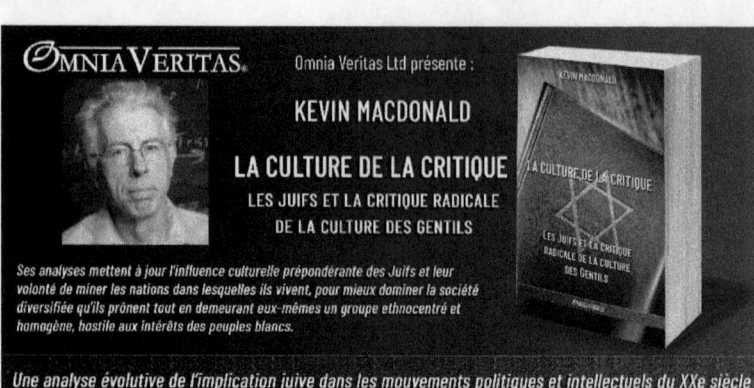

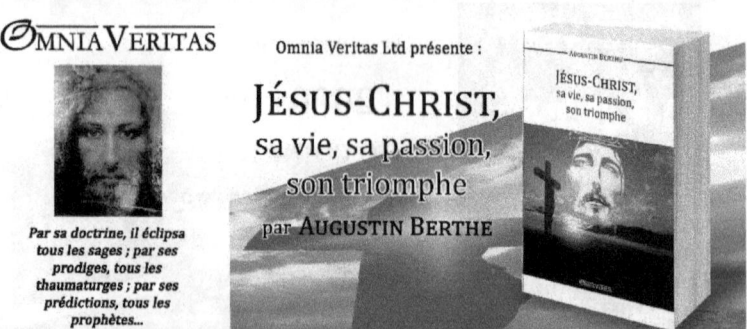

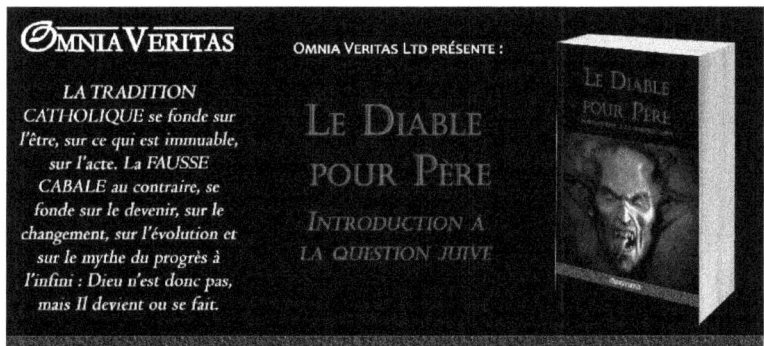

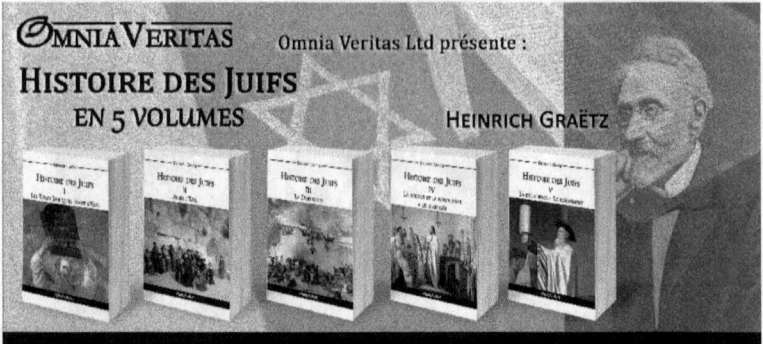

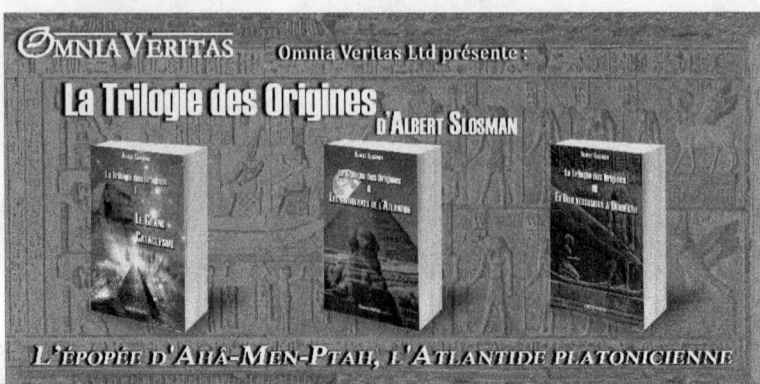

www.omnia-veritas.com

www.ingramcontent.com/pod-product-compliance
Lightning Source LLC
Chambersburg PA
CBHW060819190426
43197CB00038B/2110